C. M. HERZOG

DER STEINEICHE GOLDENE ZWEIGE
DICHTUNG IN GESÄNGEN

Bibliographische Information der Deutschen Bibliothek
Die Deutsche Bibliothek verzeichnet diese Publikation
in der Deutschen Nationalbibliographie;
detaillierte bibliographische Daten sind im Internet über
http://dnb.ddb.de abrufbar.

Text und Malerei: C. M. Herzog
Foto: Klaus Galovits

© Copyright 2017
Herstellung und Verlag: BoD - Books on Demand, Norderstedt.
ISBN: 9 7837 44 801263

Printed in Germany

INHALTSVERZEICHNIS

PRAEFATIO

Mein Vater schaut gar tief in meine Augen
- wohl wissend, diese sind der Königsspiegel
der Seele mein -, die nass wie Seifenlaugen

den Blick erwidern, wie mit meinem Siegel
will ich mit Johann stets verbunden sein.
Sein Geist verleiht den Worten Adlerflügel,

die Lehren dringen in die Wunden ein
in meinem Herzen, das nach Wissen sucht.
Er sitzt vor einem Tuch, darunter Wein,

Kristallglas mit der herben Traubenfrucht,
der er in Maßen freundlich zugeneigt,
der Vater, der dem öden Nichtstun flucht!

Er kennt die Welt, die er mir stets bezeugt
mit seinem Wissen, das er nicht verhehlt
vor seinem Sohn, der sich davor verbeugt.

Wohl ist nicht jedermann auch auserwählt,
den Weg ins Jenseits glücklich zu beschreiten.
Und doch ist jeder Einzelne beseelt:
Zeus selbst wird ihn für alle Zeit geleiten.

PARS PRIMA
DE INITIO DOCENDI

I. GESANG

Zeus selbst wird ihn für alle Zeit geleiten,
den Sterblichen, der nach der Einsicht sucht.
Der Weltraum öffnet ungeahnte Weiten.

Nur Dummheit ist von Himmlischen verflucht.
Der Mensch jedoch in seinem ernsten Streben
gelangt ans Ziel, ist er auch nicht betucht.

Zu kurz die Zeit in einem Erdenleben
für Vater Johann, der mit neunzig Jahren
verstarb in einem lauten Wetterbeben.

Doch steht er nicht im Kreise meiner Laren.
So weilt er bei mir, seinem Sohn, zuzeiten
und spricht vom Schicksal, das ihm widerfahren.

Auch ich will einstmals diesen Weg beschreiten,
den Kindern noch vom Firmament zu winken.
Er will mich mahnen und am Weg begleiten.

Noch muss ich nicht der Lethe Wasser trinken,
noch steht der Weg ins Jenseits mir nicht offen.
Doch will ich im Gedenken nicht versinken.

Mein Vater, den ich nachts oft angetroffen,
der seelisch sich aus seines Körpers Ketten
befreit, er lässt mich auf ein Wunder hoffen.

Im Traum erscheint er, um mich sanft zu betten,
erzählt von seiner düstren Odyssee,
was er erlebt, um mich davor zu retten.

Im Garten fällt der erste Winterschnee,
da fasst mich liebevoll ein heller Traum.
Ich fühle mich beschenkt von einer Fee,

den Vater vor den Augen, aber kaum
ist er bei mir, erzählt er mir vom Sterben.
Er ruht im Wald, auf ihm ein Tannenbaum.

"Du weißt, mein Sohn, es gibt kein Gut zu erben.
Ich hielt das Weißweinglas in meiner Hand,
als ich sie hob, da sprangen tausend Scherben.

Gar plötzlich, da ich keinen Halt mehr fand,
begann ich, in ein helles Licht zu fallen.
Tot war mein Körper, sinnend mein Verstand.

Am Friedhof sah ich Tote in den Hallen,
und als sie mich zur letzten Ruhe setzten,
da hörte ich die Abschiedslieder schallen."

Mein Vater, den so viele Menschen schätzten
für seine Klugheit, seine guten Gaben,
die einen andern keinesfalls verletzten!

Er ist bei mir, vor süßen Honigwaben
erscheint die magere Gestalt und meint,
ich könne mich beruhigt daran laben.

Doch als ich schaue, sehe ich, er weint.
Was ist denn Schreckliches mit ihm geschehen?
Ich frage ihn, warum er traurig scheint.

"Mein Kind, ich habe soviel Leid gesehen
in Tiefen, die kein Sterblicher geschaut.
Du wirst dies einstmals wohl sehr gut verstehen!

Das Géhinnóm, vor dem dem Manne graut,
ist voll von lauter düsteren Gestalten,
die sich aus Stein Altäre aufgebaut.

Sie dienen nicht den göttlichen Gewalten
in jenem Kreis, in dem sie sich verdünnen,
ihr Herz ist schwarz, die Geister sind gespalten.

Sie sind so hässlich wie die Vogelspinnen.
Kein Sterblicher wagt sich in jene Sphären
der Toten, wo die Lavaflüsse rinnen."

Der Vater will mich wiederum belehren,
in jenem Reich, da stinkt es wie die Pest.
"Mit solchen Leuten darfst du nicht verkehren!"

Mich schreckt das Bild, der kurze Schlaf entlässt
mich aus dem Traum, der Vater ist verschwunden.
Bei ihm bin ich ja wie ein Spatz im Nest.

So hat er mich im Tode noch gefunden
und weilt bei mir, wenn sich die schwarze Nacht
herabsenkt auf des Erdballs weiche Runden.

Ich spüre, wie mich eine Schicksalsmacht
behutsam hoch zu meinem Vater hebt
und meiner Liebe Feuer neu entfacht.

So weiß ich denn, dass er woanders lebt
als weiße Seele, die heruntersteigt,
wenn er des Nachts in meiner Stube schwebt
und mir die nächste Welt ganz offen zeigt.

II. GESANG

Des Nachts vernehme ich die klare Stimme
des Vaters, der mich ruft mit meinem Namen,
als ich den Berg des Sisyphus erklimme.

"Die Monster, die aus ihren Tiefen kamen,
wie die Medusa, brauchst du nicht zu scheuen!
Gott selbst beschützt dich, darum glaube. Amen.

So mancher wird sein Handeln nun bereuen
(ein Sterblicher erstarrt vor ihr zu Stein),
der Tote will sein Lebenswerk erneuen.

Medusa sitzt verschlagen und gemein
in diesen angsteinflößenden Gemäuern
am Tor des Hades; sie lässt keinen ein,

als erstes von den wilden Ungeheuern,
der vor dem Richter nicht sein Fehl gestand
und suchte, seine Unschuld zu beteuern.

Wenn einer nun vor dieser Einlass fand,
trifft er auf Skylla, die ihn fressen mag.
Sie schnappt nach seinem Fuß und seiner Hand.

Dort gibt es keinen hellen Sommertag,
die Ungeheuer malen sich wie Schatten
an eine Wand, die einstmals außen lag.

Persephone jedoch mit ihrem Gatten
herrscht dort im Jenseits über alle Toten
und Ungeheuer, Mäuse und auch Ratten.

Sie schickt aus ihrem dunklen Reich die Boten
hinauf zur Sonne, dass sie euch belehren,
doch ihnen ist die Herrschaft hier verboten.

Der Hades, dem sie stets die Treue schwören,
entsendet sie, der Sterblichen Gesinnung
zu wandeln und sie rechtens zu bekehren.

Der Wein, gemischt mit Wasser zur Verdünnung,
ist nicht so stark, dass alle Sinne schwinden;
ganz anders bei der Kirschenschnapsgewinnung:

Hier sollst du stets die rechte Dosis finden!
Genauso soll sich auch dein Tun und Denken
mit klarem Kopf an Genien entzünden.

Der Glaube kann dir Halt und Ruhe schenken
in einer Welt, die sich in einem dreht.
Der Sonnengott soll seinen Wagen lenken,

der alles sieht und jedes Wort versteht.
Jedoch in Wahrheit ist das Diesseits Leere
und unbeständig, weil es schnell vergeht.

Drum zieh aus meinen Worten deine Lehre:
Die Silberschnur, die herrliche, zerreißt
zur letzten Stunde durch des Todes Schwere."

- "Mein Vater, wie du noch von früher weißt,
bin ich gehorsam und dir stets verbunden,
und mir ist klar, was diese Weisheit heißt.

Doch da ich dich im Tode noch gefunden,
erbitte ich von dir Geduld und Nachsicht
mit mir und meines Schicksals tiefen Wunden."

Da merke ich, ich träume und bin wach nicht
so aufgeschlossen für des Vaters Reden.
Und plötzlich sehe ich auf meinem Dach Licht,

es ziehen sich aus Sternen leuchtend Fäden
herab bis zu den Bäumen, den verschneiten,
die wir in dieser stillen Nacht erspähten.

Da sehe ich den Vater vor mir schreiten
und sich erheben in die Winterluft.
Dort oben lassen sich die Sterne deuten,

auf einmal rieche ich den Weihrauchduft,
der strömt aus einer Kirche, die wir sehen,
darunter aber liegt die Totengruft.

Auch ich will dieses Schauspiel nun verstehen
und wende mich an ihn, der mich begleitet
in Träumen zwar, die morgens stets vergehen,

der dennoch mich zum rechten Weg geleitet
in seiner geistbeflissen strengen Weise
und meinen Horizont gar mächtig weitet.

Mein Vater spricht, nach Art der Toten, leise
zu mir: "Mein Sohn, du sollst dich allzeit üben
zu schreiten in der Philosophen Kreise

und ihre Lehren ganz vollendet lieben."
Wie lange noch vernehme ich die Worte?
Schon schlägt die Turmuhr aus der Kirche sieben.

Mein Vater schließt die schwere Gnadenpforte
und nimmt mich an der Hand, wie oft als Knaben.
Dann weilen wir nicht mehr an diesem Orte,

an dem sich häufen alle guten Gaben.
"So sprich, was ist denn nun des Daseins Sinn?"
- "Du sollst dich ruhig an Brot und Rotwein laben,

denn flüchtig wie ein Traum ist es dahin!"
Bei Zeus, wie kann ich denn die Wahrheit finden
in meiner Stube, wo ich nächtens bin?
Die Gottheit lässt sich allzu schwer ergründen!

III. GESANG

ΣΟΦΙΑ ΣΑΛΩΜΩΝ

Im Schlafe greife ich zum Buch der Weisheit
des Salomon, der mir stets lieb und teuer,
und friere wie in einer jungen Eiszeit;

denn aus dem Buche brennt gar hell das Feuer,
als Drachen kommen für ein Strafgericht,
der Atem Rauch und fallende Gemäuer.

Mein Vater kommt zu mir als Traumgesicht
mit leiser Stimme, doch ganz ohne Wanken,
trägt er mir vor ein bebendes Gedicht.

"Und richten sich der Sterblichen Gedanken
auf Gott, der alles Treiben sieht und lenkt,
so reift die Klugheit fest und ohne Schwanken."

Das Buch der Weisheit, das mir Einsicht schenkt,
noch fest umklammert, höre ich Gesang
des Vaters, der die Königslöwen tränkt.

Mein eignes Zittern ist nicht von Belang
bei Menschenopfern auf den Baalsaltären,
die Kälte und der Stimme tiefer Klang,

ich kann mich eines Schauderns nicht erwehren.
Darauf erschallen tosend die Posaunen
und hebt das Singen an von Engelschören.

Schon gräbt ein alter Hexer nach Alraunen,
weil deren Gift fast jede Krankheit heilt.
Da höre ich den guten Vater raunen:

"Der Menschen Schmerz ist oftmals ungeteilt,
der kranke Körper wird die Psyche schwächen,
die bis zur letzten Reise drin verweilt.

Doch möchte ich, mein Sohn, vom Guten sprechen,
das die Natur den Wesen schenken will.
Du musst nur suchen, eine Pflanze brechen,

wie Salbei, Kalmus, Schafgarb, Petersil.
Ein Kundiger wird Medizin erfinden,
doch bleiben seine Lippen meistens still."

- "So soll ich mit der Hexe mich verbünden
und deren Säfte allzu mutig schlucken?
Den Abscheu und die Ängste überwinden?

Gar dreimal über meine Schulter spucken?"
"Mein Sohn", so lacht der Vater, "Aberglauben,
wie du ihn meinst, sich vor dem Schicksal ducken,

wird dir den Schlaf und deine Ruhe rauben!
Du musst nicht meinen, dass die Kräuterkunde
sich nur beschränkt auf Fliegenpilze klauben,

Stechäpfel, Tollkirsch, Bilsenkraut im Munde
als Zauberei und auf den Blocksberg fliegen.
Du heilst mit Ringelblumen eine Wunde,

Nachtschatten lässt du tief im Walde liegen.
Der Schwedenbitter ist das reinste Gold
der Alten, die die Nachwelt nicht belügen.

So ist Fortuna allezeit dir hold,
dein Körper wird vital und kräftig bleiben,
zur Zahlung reicht dir ein Soldatensold."

Es ist, wie schon die Alten immer schreiben,
für jede Krankheit auch ein Kraut gewachsen,
womit wir sie im Schwalbenflug vertreiben.

Mein Vater fügt hinzu, bei jungen Dachsen
sei es oft schwierig, heilsam sie zu lehren,
sie lieben Späße, möchten ständig flachsen

und lassen sich zum Guten nicht bekehren.
"Sie schlafen bis zur roten Mittagssonne,
dann essen sie und müssen sich entleeren.

Das Dasein ist für sie nur eitle Wonne
zu jeder Stund, kein Werk, das sie verrichten,
ganz anders als die segensreiche Nonne,

die stets sich müht, den dunklen Wald zu lichten,
den Blick auf Gott, die Hände, die sich regen.
Sie wollen wie Karnickel Kinder züchten.

Und Kinder sind fürwahr der Menschheit Segen!
Doch wer wird sie versorgen und erziehen,
sie waschen, hätscheln und früh schlafen legen?

Der Träge will sich darum nicht bemühen.
Mein Sohn, du sollst um tiefe Einsicht werben,
das Glück auf Erden ist ja nur geliehen!

Denn jedes Wesen muss am Ende sterben,
im Grab versinken, doch die letzte Reise
entscheidet über Wachsen und Verderben.
Darum bemühe dich und werde weise!"

IV. GESANG

阿弥陀佛 (Emítuófó)

Mein Vater war am linken Auge blind,
jetzt sieht er, was kein Sterblicher gesehen,
und über Gräber streift der Sommerwind.

"Mein Sohn, du wirst das Dasein einst verstehen,
drum blicke auf das Kloster Shaolin
in China, wo die Meister nicht vergehen.

Kung Fu schenkt seinen Mönchen wohl den Sinn
für die Bedeutung eines Menschenlebens,
die Kampfkunst ist für Männer ein Gewinn,

das Ziel des dauernden geübten Strebens
nach Einsicht, wie sie Buddha einst verstand,
den Mut zu schauen und die Kunst des Gebens.

Sie tragen ein orangenes Gewand
und fliegen wie die Adler in die Höh,
und blitzesschnell erheben sie die Hand,

sie springen schneller als ein scheues Reh,
in der Bewegung ruht das Denken still,
versenkt in sich, so wie ein stiller See.

Der Mann, der keine Worte denken will,
ist stets bewegt in Unruh wie die Wellen,
statt sanft und leise ist er laut und schrill,

Erleuchtung flieht den Geist in solchen Fällen.
Doch lässt ein Mensch die Worte ruhig ziehen
wie auch im Mantra mit den hellen Schellen,

so werden die Gedanken sicher fliehen,
wie Wasser endlich zur Vollendung führen
die Psyche, nach des Tages großen Mühen.

Die Mönche, die den Körper wohl trainieren
im harten Kampf, erlangen klares Denken.
Ein Meister wird die Faulheit stets monieren,

den Schüler loben, ihm Gespräche schenken,
sodass der Junge lernt, die Kunst zu lieben
und sich in seine Quelle zu versenken.

Darum muss jeder Schüler täglich üben
den Weg, denn dieser ist ja selbst das Ziel.
So mancher lernt die Tugend erst mit Hieben.

Erleuchtung zeigt sich meistens als Gefühl.
Ein Schüler wandert in der Winterszeit
zum Kloster durch das dichte Schneegewühl.

Der Meister bietet ihm sofort Geleit
und zeigt ihm eine kalte Klosterzelle
mit Statuen aus Holz. Dann gibt es Streit:

Das Standbild Buddhas brennt ja gar so helle
und wärmt; der Schüler zeigt es ihm voll Stolz!
Es schreit und zürnt der Meister auf der Stelle.

Der Schüler sieht nur zu: ins Feuer rollt's.
'Ist es ein Schatz', so frägt er ohn Erbarmen,
'und rieselt Gold aus diesem Ebenholz?'

Der Meister grollt, dies Feuer für den Armen
verwandle sich in Asche, keinen Schatz.
Der Schüler meint, so bleibe ich im Warmen,

hier ist für alle andren auch noch Platz.
So wärmt er sich an Buddhas Holzfiguren
und lehrt den Meister diesen klugen Satz.

Vom Golde in der Asche keine Spuren,
es ist nur Holz, das eine Flamme nährt.
So kommt Erleuchtung über diesen Sturen.

Auch Zen-Buddhismus ist wohl nicht verkehrt,
er zeigt dem Suchenden den rechten Weg
und wie er sich auf Erden stets bewährt.

Der Schüler findet einen schmalen Steg,
der schließlich in das Selbstvergessen führt,
nicht mit den dummen Schafen im Geheg.

Ein Weg, der an das Universum rührt,
der alles Sein mit dem Verstand besingt
und einen Meister mit der Krone ziert,

die ihn mit Güte ganz und gar durchdringt,
sodass er mit den Wesen, Mensch und Tier,
in Liebe und in Eintracht lebt und schwingt."

Da frage ich den Vater: "Jene Tür
zur Seligkeit, wirst du mir diese zeigen?
Den ganzen Reichtum gäbe ich dafür!"

- "Du sollst dein Ohr zu meinen Worten neigen.
Leid abwärts, Glück hinauf für alle Zeit,
so geht es rundherum in stetem Reigen.

Am Besten leben ohne Hass und Streit,
die Seelenruh, von Glück und Leid entfernt.
Du wirst sie spüren, es ist bald soweit!

Mein Sohn, die Frucht der Wahrheit ist entkernt,
so will ich dich getreulich unterweisen,
in meinem Wissen, das ich nicht verlernt,
mit mir bis in die nächste Welt zu reisen."

V. GESANG

Geborgen wie ein Kind im Mutterbauch
erfasst mich nachts ein wunderschöner Traum;
im Zimmer wächst ein Hagebuttenstrauch

und neben ihm ein großer Walnussbaum.
Er wächst im Lehm und um ihn Kieselstein,
kein Büschel Gras als grüner Stammessaum.

Der Nussbaum klagt, er sei so sehr allein
und habe keine Schuld auf sich geladen;
manch Wandrer wirft ein Steinchen forsch hinein

in seine Äste, um dem Baum zu schaden.
Er leidet, weinend, unter diesen Männern,
die sich in ihrem Übermute baden.

Wenn einer nur von den Gesetzeskennern
den Baum verurteilt, spricht er ihn nicht frei,
so wird er nicht gequält von diesen Pennern.

Die Strafe ist dem Nussbaum einerlei,
ist er denn schuldig, soll man ihn verbrennen,
den Baumstamm fällen schon im Monat Mai.

Doch will man seine Unschuld anerkennen,
so soll man ihn nicht länger grausam quälen,
gedankenlos, und nicht zum Angriff rennen.

Der Vater meint, "So viele Leute wählen
den Schatten dieses Baums in großer Hitze;
und keiner darf der Nuss die Würde stehlen,

sie schirmt dich ja vor Hagel, mit der Mütze
verborgen unter dichter Blätterkrone;
du bist geschützt vor heftger Windesspitze,

bis die Gewalt vergangen, und zum Lohne
sollst du dem Baum ein Blühen ohne Qualen
vergönnen! Sieh, ich schenke dir, dem Sohne,

die Nüsse mit den grünlich-braunen Schalen.
Sie schmecken dir? So halte sie in Ehren!"
Die Walnuss lässt sich auf die Finger malen

in dunklem Grün, ich will mich nicht beschweren.
Jetzt fliegt ein Adler über diesen Zweigen
hoch in die Wolken, ohne umzukehren.

Auf einmal tanzen Mädchen einen Reigen
in Israel, wo wir uns nun befinden,
und rundherum die vielen Männer zeigen

auf eine Schöne, Blumenkränze winden
sich um ihr langes, schwarzgelocktes Haar;
sie will sich mit dem Bräutigam verbünden.

Mein Vater ruft mir zu: "Es ist ja wahr,
du siehst des Salomon erwählte Braut
in einer himmlisch frohen Jungfernschar!

Sein Heer begleitet ihn, es schallt gar laut
der Saiten Klang, als er die Wüste quert,
sein Antlitz dunkel und sein Blick vertraut,

und Shúlammít, die ihn sofort erhört,
in goldenen Sandalen, schwarze Haut,
tanzt schnell und schneller, weil er sie betört."

Als Salomon die Männer angeschaut,
die starren auf die Jungfer voll Begierde,
die ihm an diesem Tage angetraut,

ruft dieser aus: "Was starrt ihr ohne Würde
auf meine Braut, die sich im Reigen dreht?
Sie ist des Königreiches edle Zierde,

weil ihre Klugheit jedes Wort versteht
aus meinem Munde, weil sie Demut übt
und voller Anmut in den Harem geht.

Ihr wisst, dass es schon siebenhundert gibt
an Königinnen, die in Zelten wohnen,
doch keine, die mich so vollkommen liebt

von all den Frauen mit den goldnen Kronen.
Sie wird für alle Zeit unsterblich sein
und mit mir über allen Völkern thronen.

Ach, sie erbat sich Äpfel und auch Wein,
um ihren Liebesschmerz damit zu stillen,
jetzt darf sie sich in höchster Wonne freun,

denn dieser Freudentag entspricht dem Willen
des Ewigen, der alles wirkt und schafft,
wenn der Propheten Worte sich erfüllen:

Die Liebe ist voll ungestümer Kraft
und kann in wilden Wassern nicht versinken.
Sie ist für jeden Menschen schicksalhaft,

und muss der Liebende im Meer ertrinken,
und muss er sterben in der Feuersglut,
voll Sehnsucht wird er der Geliebten winken
bis in den Tod. Im Herzen wohnt der Mut."

VI. GESANG

Die grüne Au ist dicht und menschenleer,
doch hier erblicke ich die Feuerwesen,
die fröhlich singen vor dem Sternenheer.

Einer von ihnen hebt nun an zu lesen
aus einem nur für sie bestimmten Buche,
die anderen vertreten ihre Thesen.

Da lausche ich betört dem alten Spruche
aus dem Koran, gesandt zu diesen Dschinns.
Mein Vater, auf dem nächtlichen Besuche,

ist dankbar ob des geistigen Gewinns:
"Was Augen eines Sterblichen nie sehen,
mein Sohn, erblickst du heute frohen Sinns!

Wenn Sonne und Planeten untergehen,
am Jüngsten Tag, wenn das Gericht beginnt,
wirst du des Daseins Sinn bestimmt verstehen.

Die Zeit auf Erden, die so schnell verrinnt,
sollst du für Studien der Weisheit nützen;
so ist dir auch die Gottheit wohlgesinnt.

Da sehe ich die Dschinns im Kreise sitzen
und einer spricht: "Alláh schafft alles Leben
und wird es stets mit seiner Hand beschützen,

und selbst dem Toten wird er's wiedergeben
an jenem Tag, an dem er vor ihm steht!"
-"Wie sich doch Traum und Wahrheit hier verweben!

Du sprichst, mein Sohn, wie diese dein Gebet
zum einen Gott, den alle Wesen meinen.
Ein Mensch wird ernten, was er einst gesät!"

- "So zählst du, Vater, in den stillen Hainen
die Dschinns, die menschenscheu die Zeit verbringen,
im Jenseits etwa wirklich zu den deinen?"

Da höre ich den Vater leise singen:
"Gott schuf auf Erden alle Kreaturen,
damit sie drüben einst das Heil erringen.

Die Dschinns besingen Gott mit ihren Suren
aus dem Koran, den sie von ihm empfangen,
sie sind zwar scheu, jedoch auch Frohnaturen,

und nach der Einsicht drängt sich ihr Verlangen.
Auch ihnen ist das Paradies bestimmt
der nächsten Welt, die sie zuvor besangen.

Wenn so ein Feuerwesen einst verglimmt,
dann steht es endlich vor Alláh, dem Richter;
kein Freund, der diesen Dschinn zur Seite nimmt,

kein Beistand in Bedrängnis, jedoch spricht er
die Wahrheit und bereut die bösen Taten,
erstrahlt der Dschinn im Kreis der guten Lichter.

Wenn er auf einen schlechten Weg geraten
und arme Menschen voller Wut bedrängt,
die für den Dschinn die Strafe sich erbaten,

wird er im argen Géhinnóm versengt
und darbt, halb lebend oder halb gestorben,
wenn er im Feuer zwischen Steinen hängt."

Mein Vater, dessen Lehre unverdorben
vom Jenseits, seinen unzählbaren Kreisen,
um dessen Beistand ich voll Angst geworben,

gehört im Drüben endlich zu den Weisen.
Das Paradies darf er noch nicht betreten,
doch wird er gerne durch das Jenseits reisen.

"Auch Leute ohne Ehrfurcht, die nicht beten
und Diebstahl, Mord und Ehebruch begehen,"
so spricht er, "ernten einstmals, was sie säten."

- "So werden sie vor ihrem Richter stehen
an jenem Tag und voller Ängste zittern?"
- "Das Sein auf dieser Erde muss verwehen,

dies mag auch alte Leute sehr verbittern,
der Tod ist jedem nah, den Knaben, Greisen,
den Herrschern, Sklaven, Jungfraun und den Müttern.

Er neigt sich an dein Ohr und spricht mit leisen
Worten dich an: 'Ich komme, denn du lebst!'
Nicht jeder Alte darf sich glücklich preisen.

Das Ziel ist, dass du dir ein Ganzes webst
aus allem, was dir in der Welt begegnet,
dass du auch stets nach der Vollendung strebst.

Mein Sohn, so bist du alle Zeit gesegnet!"
Ich lasse meines Vaters Worte reifen
und spüre, wie es Sommerblüten regnet.

So kann ich endlich einen Sinn begreifen
der irdschen Freude, die nicht ewig währt,
und lasse meinen Blick ins Weite streifen.

Da lächelt Johann, der mich nachts belehrt:
"Du siehst ein Gleichnis, es ist schwer zu fassen
für Wesen, die der Körper noch beschwert:
Jedoch die Seele soll es wirken lassen!"

VII. GESANG

Der Gorgo Haupt mit giftgen Schlangenhaaren
verwandelt Atlas in ein Steinmassiv,
denn Perseus schlug es ab in jungen Jahren,

als er zu Zeus und allen Göttern rief.
So stehe ich bedeckt mit einem Schilde
am Eingang in die Unterwelt so tief.

Der Johann spricht: "Hier waltet keine Milde
für Sterbliche, die durch den Hades ziehn.
Sei ohne Furcht, in Wahrheit ist die Wilde

ein Schatten nur, den alle Männer fliehn.
Medusa, Skylla und ein Ungeheuer,
das mit drei Leibern mächtig dir erschien,

sind tot und werden nur von hellem Feuer
geworfen an die Wand der engen Höhle.
Dort drüben siehst du Charon mit dem Steuer

in einem Boot, das ich dir nicht verhehle.
Die Toten müssen dafür Geld bezahlen,
ein Obulus im Mund für jede Seele.

Im Hades, Sohn, erwarten viele Qualen
die Sünder, die die Gottheit nicht geehrt.
Die Reichen, die mit ihrem Gute prahlen

auf Erden, sind im Jenseits nichts mehr wert.
Jedoch wer andren schenkte von den Gaben
auf seinem Tisch, wird ewiglich verehrt.

Die Armen dürfen sich am Brote laben,
die Kranken trinken einen Becher Wein
und essen von der Bienen Honigwaben,

beim Menschenfreund ist niemand ganz allein.
Im Feuer liegt die Seele dieses Guten,
sie wird gewaschen, bis sie völlig rein.

Nach Wasser und den reinigenden Gluten
hängt sie zum Trocknen noch im warmen Wind,
nach Hades' unvergänglichen Statuten

betritt sie das Elysium geschwind.
Hier weilen alle Seelen der Verstorbnen
in Seligkeit, vom Manne bis zum Kind,

jedoch verboten ist es dem Verdorbnen,
er harret auf die Strafe des Gerichts.
Und welch Gewinn bleibt jetzt noch vom Erworbnen?

Jetzt ist er tot. Und hier besitzt er nichts.
Mag sein, dass er sich wehmütig entsinnt
des Reichtums und des warmen Sonnenlichts.

Unter der Sonne deine Zeit verrinnt",
so spricht der Vater, "sei stets eingedenk
des Lohnes, den ein Sterbender gewinnt,

wenn er auf Erden schon vollzog den Schwenk
zum Guten, wenn er auf dem rechten Wege
gewandelt, dann erhält er sein Geschenk.

Kehr um, sei freundlich, ehrbar und nicht träge!
Noch steht die hohe Sittsamkeit zur Wahl,
ein edler Mensch ist arbeitsam und rege.

Wie Salomon erkennt, es kommt die Qual
des Alterns, wenn der goldne Krug zerbricht,
die Jugend wird erfreut vom Sonnenstrahl,

wer jung ist, der versteht die Alten nicht.
Denn alles hat für Kluge seine Zeit
und alles kommt im Jenseits an das Licht.

Die Ernte sammeln, Samen, den man streut,
Umarmen oder Lassen, Hass und Liebe,
Krieg und auch Frieden, Glück und bittres Leid,

verdorrte Blätter und die jungen Triebe.
Es gibt die Zeit, da ruft man zum Gefecht,
doch die Versöhnung mit den Feinden übe.

Der Richter, den du antriffst, ist gerecht,
denn er ist nicht von irdschem Fleisch und Blut,
warst du in deinem Wandel faul und schlecht,

so sinkt vor seinem Angesicht dein Mut
und du bereust den Leichtsinn auf der Welt,
der Mann jedoch, der in sich selbst stets ruht,

ist friedlich, weil er Seligkeit erhält.
Im Kreis der edlen Seelen darf er wandeln,
bis er sich wieder diesem Leben stellt.

Das Denken ist der erste Schritt zum Handeln,
doch zählt das gute Werk als letzter Schritt.
Der Leichtsinn wird das Meisterstück verschandeln.

So mancher, der um kleine Dinge stritt,
erkennt, in Wahrheit sind sie völlig leer,
am letzten Gange nimmt sie keiner mit

und *vanitas* macht nur die Sinne schwer.
Der Körper und sein irdsches Eigentum
sind nichts!" Doch meine Psyche lieb ich sehr
und lerne viel am Weg zum eignen Ruhm.

VIII. GESANG

Von fernen Küsten fährt ein Schiff einher
am tiefen Blau, aus dem Neptun sich hebt,
mit Gold und Diamant beladen schwer.

Ein Ahn, der über wilden Wellen schwebt,
sein Name Lao Tseh, der mich belehrt:
"Ein Mensch, der arm und ganz bescheiden lebt,

wird selbst vom großen Himmelsgott gehört.
Die Einfachheit erwartet großer Lohn,
weil sie des Stolzes und der Macht entbehrt."

Ein König sitzt auf seinem goldnen Thron
und richtet über seine Untertanen;
gerecht so wie zu seinem eignen Sohn

spricht er das Urteil, treu den eignen Ahnen.
"Das Weiche überwindet stets an Kraft
das Harte", will der Vater mich ermahnen,

der gütig mir jetzt neue Einsicht schafft.
"Das Wasser wird den harten Fels zermahlen
zu Sand in seiner weichen Eigenschaft."

Als Regenbogen sich zur Sonne malen,
erwidre ich, "mein Vater, es ist wahr:
Der Harte muss für seine Härte zahlen!

Dies ist auch einem guten Kaiser klar!"
- "Du sollst den Herrscher lieben und ihn ehren,
er sorgt für Volk und Länder Jahr für Jahr.

Doch sollst du einem Demagogen wehren
im Anfang, weil ihn nur die Macht berauscht.
Er wird sich später nicht zum Guten kehren,

weil er das Wahre mit dem Trug vertauscht.
Entsinn dich Phálaris', des Staatstyrannen,
der seine Untertanen stets belauscht,

der Folter, die solch Grausame ersannen,
im Bronzestier, der auf dem Feuer glühte.
Doch weißt du, wie die Jahre schnell verrannen.

Er fürchtete die Menge. Ja, ich riete
nicht einem solch ein böses Unterfangen,
bis er dann selbst am Sterbelager kniete.

Er zitterte in menschlichen Belangen
und fürchtete die Tochter und die Frau;
in seinem Wahnsinn half nicht Angst noch Bangen,

und Zeus verbot den klaren Geist zur Schau
auf seine Taten, die ich dir verkünde,
und seinen Tod an einem Morgen grau.

Solch Üble sind genau wie ihr Gesinde
im Feuerkreis der nächsten Welt gefangen,
sie tappen durch den schwarzen Rauch wie Blinde

und können keine Gnade mehr erlangen.
Sie müssen einen Lavastrom durchschwimmen
und leiden, weil der Himmel grau verhangen.

Einmal im Jahr erheben sie die Stimmen
und bitten ihre Opfer um Verzeihung,
dann müssen sie den Lavaberg erklimmen.

Die Guten hoffen redlich auf Verleihung
des rechten Lohns, den ihnen Zeus bestimmt.
Darum erbitte ich für dich die Weihung

vor dem, der über Frevler so ergrimmt,
den rechten Weg zu wandeln alle Tage
in *pietas*, die nun dein Ohr vernimmt.

Zu all den Göttern dringt des Menschen Klage
in schwerer Not, in Traurigkeit und Schmach.
Drum stelle mir vertrauensvoll die Frage,

die dich nun quält in diesem Ungemach.
So will ich dir in Güte Auskunft geben,
besinne dich und denke drüber nach!"

- "Mein Vater, welchen Sinn hat denn das Leben,
wenn jedermann auch Leid ertragen muss?"
- "Du sollst nach echter Herzensweisheit streben,

denn nichts steht still, und alles ist im Fluss.
Nicht ewig währt der Schmerz und nicht das Glück
in deinem Innern, sind aus einem Guss!

Drum richte stets nach oben deinen Blick
auf Gott und seinen Ratschluss, der dich leitet,
ich kehre nicht auf diese Welt zurück,

auf der ich dich von Anfang an begleitet.
Doch schenke ich dir Einsicht in das Wesen
der Himmlischen, die alles vorbereitet.

Der Psalmen Weisheit, die ich einst gelesen,
führt dich am rechten Pfad in meine Sphären,
und diese darfst du keineswegs vergessen!

Sie wird der Guten Wesen eifrig nähren.
Den König, der sein Volk am Weg zur Tugend
geleitet, um es sittsam zu belehren,
verehrt in Wahrheit auch die frohe Jugend."

IX. GESANG

Vor mir steht eine schwarze Königin
mit Namen Dido unter wilden Stieren.
Es macht für sie doch wahrlich wenig Sinn,

das Land mit einer Kuhhaut zu markieren,
die ihr ein König großzügig geschenkt.
Sie wird für sich das rechte Tun erküren

und setzt sich an die Küste, schaut und denkt.
Dann schneidet sie in Streifen ihre Kuhhaut,
weil eine Gottheit ihre Wege lenkt;

sie legt die Streifen auf Gestein und Unkraut
und spannt sie immer weiter, ein Stück Land
wird so gewonnen, als der König zuschaut.

Dies ist der Grundstein, mit der eignen Hand
begründet sie Karthago, das berühmte
Reich an der Küste. Weiblicher Verstand!

"Sie wusste, Sohn, was tunlichst sich geziemte
und herrschte ohne Mann als Frau allein!
Der König, der den milden Herrscher mimte,

versuchte sie zu zwingen, aber nein!
Sie starb, um den Verrat sofort zu sühnen,
in Keuschheit, und blieb selbst im Tode rein."

Da spüre ich, wie meine Tränen rinnen:
Der Schmerz, den Dido noch im Tod gelitten
aus Ehrgefühl, um Achtung zu gewinnen.

"Die schwarze Königin im warmen Süden
erlangte die Unsterblichkeit als Lohn,
der Freitod, wie sie aus der Welt geschieden

nach ihrem Willen, jedem Mann zum Hohn,
bezeugte den Charakter und ihr Wesen
voll Mut und Stärke, wie du siehst, mein Sohn!

Drum bilde dich, sei stets bestrebt zu lesen
in alten Büchern, die den Schatz besitzen
an Wissen und an lang verlornen Thesen.

Dies wird dir für die Muße immer nützen
und dich beschenken, denn das große Lernen
wird dich im Innern allezeit beschützen.

Vom dunklen Abgrund wirst du dich entfernen,
der wie ein Strudel dich nach unten zieht
und endlich greifen nach den lichten Sternen.

Ein Mensch, der voller Eifer sich bemüht
um die Erkundung jener wahren Werte,
nach denen er in seinem Wesen glüht,

greift selten ohne Hülf zum Eisenschwerte
wie Dido, der kein Ausweg offenstand.
Doch mancher Junge lernt nur mit der Gerte,

44

der keinen Zugang zu der Hoffnung fand
auf Seelenruhe und ein frohes Leben.
Er träumt vom heißen Wind am Meeresstrand

und spürt den goldnen Sand am Körper kleben.
Er will sich von der Sonne bräunen lassen
und nichts tun, nicht nach hohen Werten streben.

Ist es nicht besser, gründlich zu erfassen
den Sinn des Daseins und wohin es führt?
Die Schüler lernen in den Meisterklassen,

wie man die Tugenden für sich erkürt,
die Mäßigung, die Tapferkeit, den Mut
und die Beständigkeit, die sie gespürt,

so wird am Ende wirklich alles gut!
Drum sollst du, Sohn, an allen Tagen fühlen
des Strebens nach des Guten Feuersglut!

Die jungen Leute, fröhlich, jagen Zielen
im Übermute nach, die wertvoll scheinen,
wenn Junge mit den alten Fragen spielen:

'Wer geht zu Mittag aufrecht auf zwei Beinen?
Am Morgen viere und am Abend drei?'
Natürlich denken wir an unsre Kleinen!

Auch unsre Alten, mit dem Stock dabei,
der Mensch, der lange Jahre aufrecht geht
und dem die Sphinx in Wahrheit einerlei.

Am Anfang hockt das Monster aufgebläht
auf Thebens Mauer, lässt den Wandrer sterben,
bis Ödipus die Lösung schlau errät.

Drum darfst du die Gedanken heller färben,
wenn du bedenkst, was wirklich wichtig ist
auf Erden. Und der Rest zerfällt zu Scherben!

Wenn du, mein Sohn, auch wirklich tüchtig bist
und meine Lehren anhörst, um zu sein
ein Mann, der weiß, was falsch und richtig ist,

so sollst du glücklich werden nicht zum Schein.
Du wirst Zufriedenheit im Innern spüren,
dich fern der Euphorie im Stillen freun
und nicht im Abgrund jeden Halt verlieren!"

PARS SECUNDA
DE STUDIO DISCIPLINAE

I. GESANG

Des Nachts ein Schimmel läuft mit Pferdehufen
so heftig wie der Wind an mir vorbei.
Da höre ich den alten Vater rufen:

"Mein Sohn, das Schicksal ist nicht einerlei!
Drum binde dir die Weisheit um den Hals
und ehre sie, denn sie ist dein Gedeih!

Erinnerst du dich nicht des starken Walls
der ewgen Stadt, der allen Feinden wehrt?
Des lauten und betörend hellen Schalls

des Widderhornes, der stets wiederkehrt?
Jerusalem, wie stark sind deine Zinnen,
die Burg ist vom Allmächtigen verklärt!

Die Jungen werden Tugenden gewinnen,
die sie durch Disziplin und Zucht ererben
in Studien, wenn sie sich auf Gott besinnen,

die rechten Pfade wählen, bis sie sterben.
Du hörst die Klugheit in den Gassen schreien:
'Kommt her, ich will um meine Freunde werben!'

Sie wird dir einen Blumenkranz verleihen
um deine Stirn, am Hals ein Amulett,
den Weg dir weisen, und du wirst gedeihen.

Ob Tempel, Kirche oder Minarett,
die Einsicht wohnt in aller Menschen Herzen
und bietet einen Halt wie ein Korsett.

So viele schauen andachtsvoll in Kerzen
und suchen nach der Gottheit, die sich zeigt
in Einfachheit der Sinne, ohne Scherzen,

die Lippen still, das linke Knie gebeugt.
Wer Disziplin auf seine Tafel schreibt,
dem ist der Höchste allezeit geneigt.

Wer sich nur müßig seine Zeit vertreibt,
den flieht das Gute, das sich stets gebärt
im Innern, das der Zucht verbunden bleibt.

Die Klugheit", wie der Vater mich belehrt,
"verbindet sich mit Mäßigung und Mut,
Gerechtigkeit, die gute Taten nährt,

die vier sind aller Edlen höchstes Gut!
Zuerst jedoch besinne dich und denke
darüber nach, was dir am Besten tut.

Die Frevler schmieden hinterrücks nur Ränke,
den Fallstrick für den Guten, der nichts ahnt.
Sie teilen miteinander wie Geschenke

die Beute eines Raubs, den sie geplant.
Halt ab den Fuß von ihren schlechten Pfaden
und sei in deinen Taten stets ermahnt:

Das Glück der Welt ist nur ein dünner Faden,
gesponnen aus der Leere, aus dem Trug.
Wer danach strebt, der nimmt davon nur Schaden.

Wie oft gehst du zum Brunnen mit dem Krug
aus Ton, bis dies Gefäß am Ende bricht?
Die Weisheit sei von allen dir genug,

denn Glück für alle Zeiten gibt es nicht!
Ein Erdenleben bringt auch Last und Sorgen
und Tränen, Schmerzen, Krankheit und Verzicht.

Verschiebe nicht dein Tageswerk auf morgen!
Was morgen sein wird, das kann niemand sagen.
Und besser ist verleihen als zu borgen,

zu lernen, als sich selbst um Rat zu fragen.
Und besser einen Spatz in deiner Hand,
als weiße Tauben auf dem Dach zu jagen.

Drum glaube nicht alleine dem Verstand,
doch zieh ihn stets zu Rate in der Not
und knüpfe jenes unsichtbare Band

der Liebe, denn am Ende bist du tot.
Der Phönix, der die Hochkultur bewacht,
versinkt in ihrem Fallen feuerrot.

Der Himmel stürzt. Dann endlich ist es Nacht.
Denn was entsteht, ist einstmals nicht zu sehen,
dies liegt nicht in der Kreaturen Macht.

Was heute ist, kann morgen nicht bestehen.
Geschrieben steht mit Blut auf einer Wand:
Das Königreich muss gänzlich untergehen,

es ist ja nur gebaut auf weichem Sand.
Gewogen auf der Waage und befunden:
zu leicht. Es war ein Werk von Menschenhand.
Drum übe dich in Tugend alle Stunden!"

II. GESANG

Cleopatra vergnügt sich froh im Bade
aus Milch und Honig, weil sie glücklich ist.
Da sehe ich vor mir die Bundeslade

der alten Juden, die man nie vergisst:
Die Pharaonin hält nicht die Gesetze
des Moses, denn sie übt die Hinterlist.

Verloren sind schon alle ihre Schätze,
ein Sklave muss das Weidenkörbchen bringen
mit Kobras, die sie beißen in der Hetze.

Warum muss sie die Mägde dazu zwingen,
ihr beizuwohnen, als sie sterbend leidet,
bis auch die beiden mit dem Tode ringen?

Mein Vater singt: "Die Mühe ist vergeudet,
denn was gewesen, war und ist nicht mehr!
Sie ist unsterblich, doch wird nicht beneidet."

Vor mir erscheint nun das Ägypterheer
und ruft ihr zu, die laute Totenklage
erschallt bis weithin übers tiefe Meer.

"Wenn ich, mein Vater, einem Boten sage,
dass dieser Tod Unsterblichkeit ihr schenkte
für alle Zeit? Wenn ich zur Not erfrage,

wer die Geschicke jenes Römers lenkte,
des Triumvirn, der jung die Welt verließ?
Wer seine Schiffe tief im Meer versenkte?

Verweilt er nun im ewgen Paradies?
Ist sie bei ihm, die sich dem Tod geweiht?
Geschah es, weil er sterbend sie verstieß?"

Der Vater flüstert: "Sohn, zu jener Zeit
galt Ehre alles. Leben galt als Schmach
in Niederlagen, die man stets gescheut.

Im Kriege lagen alle Felder brach,
kein Fleisch, kein Ei, kein Weizenkorn zu essen;
die Männer litten arges Ungemach.

Die Not war groß, das darfst du nicht vergessen!
Cleopatra zu hassen, ist nicht Recht.
Ein solches Urteil wäre gar vermessen.

Der Pharaonen herrliches Geschlecht
stieg auf zur Sonne, bis zum Niedergang
der großen Herrscher." - "Waren sie gerecht?

Wer ist es, der zur Sonne Lieder sang,
die nachts wir hören aus den Tempeltoren.
Es ist, mein Vater, doch ein biedrer Klang!"

- "Die Lieder, Sohn, sind ewig nicht verloren,
die nun dein Ohr vernimmt, dein Mund besingt.
Jedoch die Sänger, Sohn, sind ungeboren.

54

Du hörst, wie unser Weltall herrlich klingt!
Wie du gelernt hast, sind es die Planeten:
die Melodie, die ihre Bahn durchdringt."

Auf einmal seh ich vor mir den Asketen
im Bußgewande, der die Psalmen liest.
Mein Vater spricht: "Hör zu, denn er mag beten,

du siehst, wie er den Morgen froh begrüßt!"
Mir ist, als wären wir in einem Saale
beim Chorgebet. "Mein Sohn, wenn du hier kniest,

so wirst du wohl gewahr mit einem Male
des Ewigen, der heller als die Sterne
sein Licht aussendet." - "Vater, wie ich strahle,

denn diesen Singsang höre ich so gerne!"
Er spricht: "Mein Sohn, nimm an die Unterweisung!
Beginne täglich Studien und erlerne

die Ehrfurcht vor der göttlichen Verheißung.
So will ich dir das Kommende entbergen
im Schlafe, will dich lehren meine Preisung."

Es ist nur mehr die Hülle in den Särgen
der Toten, die auf einem Friedhof liegen.
Jedoch die Seele wird ein jeder merken.

"Mein Vater, ist es so, dass Märchen lügen?"
- "Sie sind, mein Sohn, für Kinder eine Lehre
zu wissen, wie sie jeden Feind besiegen.

Der Prinz erlegt den Wolf mit einem Speere
und hebt aufs Pferd die schöne junge Maid.
Die Steine lassen sinken durch die Schwere

den bösen Wolf im Brunnen, ohne Freud.
So lernen schon die Kleinen, die sich räkeln,
das Gute und das Schlechte, Glück und Leid."

Da sehe ich die Barke vor mir segeln
von Pharaonen, die am Meer verschwinden
und aus der nächsten Welt die Sorgen regeln
der Menschen, die die Gottheit hier ergründen.

III. GESANG

Ein Mönch in seiner Kutte will verriegeln
das Eisentor zum Kloster, wo er wohnt.
In seiner Hand das Buch mit sieben Siegeln

erstrahlt im Licht. Ein goldner Löwe thront
am Eingang, der den heilgen Schatz bewacht
und eines guten Mannes Werk belohnt.

"So wirkt der Glaube an die höchste Macht
befreiend für den armen, kranken Mann",
erklärt der Vater, der um Mitternacht

mir naht: "Verspür den ewgen Zauberbann
der Bibel, der den ganzen Ort belebt,
schau dir die bunt bemalten Zeichen an,

auf denen Engel, Drache, Dämon schwebt,
dann wirst du wohl der ganzen Pracht gewahr,
die aller Leute eitle Träume webt.

Der Sinn der Schrift wirkt Wunder, denn fürwahr
erklärt er das Geheimnis und den Sinn
des Handelns, das sich zeigt gar wunderbar.

Die Studien, Sohn, sind freilich ein Gewinn
für deine Psyche, die die Gottheit schaut
in ihrem Wirken: 'Ich bin's, der ich bin!'

Der Name Gottes ist dir wohl vertraut,
der Ewige, der ständig dich begleitet
und auf den Fels den Tempel aufgebaut.

Wenn du die Glocke hörst, die einmal läutet,
noch mitten in der Nacht, bin ich bei dir.
Du weißt, was dieser helle Klang bedeutet?

Den Irdischen zur Mahnung bin ich hier!
Schlag auf an jedem Tag das heilge Buch
und lerne von der Jungfrau und dem Tier,

den Heilungsspruch und auch den Geisterfluch.
Und übe Disziplin an allen Tagen!
Entsinne dich des Weihrauchs Wohlgeruch

in schweren Zeiten, du musst nicht verzagen,
denn einer ist, der niemals dich verlässt.
Drum fürchte nicht zu straucheln, zu versagen,

denn dieser Eine hält dich immer fest!
Bewahre alle Sprüche in der Seele,
sei sicher wie ein Kakadu im Nest.

Die Faulheit meide und den Eifer wähle
zu deinem Freund, der dich behutsam führt.
Vergiss nicht, was ich dir des Nachts erzähle,

der Höchste, den die goldne Krone ziert
der Weisheit, wird den Weg voll Güte lenken
zur Seelenruhe, die du schon verspürt.

Ob in Palästen, Hütten oder Schänken
du weilst, die Rolle ist dir vorbestimmt,
doch zeigt es sich gewiss in deinem Denken,

ob in dir jener Funke Hoffnung glimmt,
der frei von Freud und Leid dich hoffen lässt:
die nächste Welt, die dir die Schmerzen nimmt.

Was wütet nicht in dieser Welt an Pest
und Krieg, an Krankheit, Armut oder Qualen!
Drum halte dich am Irdischen nicht fest,

wenn manche auch mit ihren Gütern prahlen,
sie sind vergänglich, wie im Traum verflossen,
doch jeder muss für Leichtsinn auch bezahlen.

Wer nicht im Diesseits Disziplin genossen,
der Edlen Lehren fleißig zu studieren
in stillen Stunden, wer auf hohen Rossen

gesessen in der Jugend, wird probieren,
das flüchtge Glück mit fester Hand zu fassen.
Erlerne, diese Dummheit zu monieren!

Du sollst auch niemals einen Unhold hassen
für seine Tat, sei diese auch abscheulich;
die Wut sollst du aus deinem Wesen lassen

und ruhig bleiben, wie du lerntest neulich.
Gib nicht die Macht den wechselnden Gefühlen
und hüte dich, denn Hassen ist gar gräulich.

Erinnerst du dich, wie die Wellen spielen
an einem See, den nur der Wind bewegt?
So soll sich auch das eigne Wesen kühlen,

in sich versenkt und niemals aufgeregt.
Drum nähre es mit einem klugen Spruch
zu jeder Stunde, den es sorgsam hegt.

Nun stell dir vor, du riechst den Wohlgeruch
von Myrrhe, die als Opfergabe raucht
auf steinernem Altar, ein rotes Tuch,
dein Innerstes ins weite All getaucht."

IV. Gesang

Vor mir nimmt Cato zitternd in die Hände
das doppelscharfe Schwert, er lässt sich fallen.
Die Republik versinkt, die Zeitenwende

packt hinterrücks ganz Rom mit ihren Krallen.
Bald herrschen die Caesaren, es vergeht
die Volksherrschaft mit einem lauten Knallen.

Als Cato nochmals auf den Beinen steht,
stürzt dieser sich ins Schwert ein andermal,
und diesmal kommt die Rettung schon zu spät.

Der Untergang erscheint ihm nur als Qual,
dem Retter Roms, denn länger lebt er nicht,
als bis zu Caesars Reich, ganz ohne Wahl.

"Ja, Mut erfordert manches Mal Verzicht",
so hebt mein Vater laut zu lehren an:
"Wer diesen harten Kampf mit sich erst ficht

und ihn gewinnt, der ist ein Ehrenmann.
Ein Held im alten Rom und unvergessen,
der kluge Taktik für das Heer ersann.

Der Römer, der auf seinem Pferd gesessen
im Kampfe, musste endlich weiterschreiten
ins All. Es wäre Unrecht und vermessen,

vom Leben stets das Beste zu erbeuten.
Das Gute wird den klaren Steg dir weisen
in seinem Licht, es wird dich stets geleiten.

Auch du wirst einst die nächste Welt bereisen
und fliegen durch das weite Sternenmeer,
wirst mit der Erde um die Sonne kreisen

in ihrem Schein, dann fühlst du dich nicht schwer,
die Wärme wirst du innerlich verspüren
und alles schauen, darum lerne mehr!

Und lass dich nicht von Eitelkeit verführen
zu Fressen, Saufen, Prassen und Gelagen,
der Tugend Krone soll die Stirne zieren,

nach der du strebst an allen deinen Tagen!
Die wahre Welt verbirgt sich in der Stille
des Schauens, dringt viel tiefer als dein Fragen.

Sie ist der höchsten Gottheit Werk und Wille!
Des Mannes Denken ist ganz unbeschwert
und wendig, eines großen Reichtums Fülle,

das sich in seiner Sehnsucht ganz verzehrt
nach Ewigkeit und Wissen, jener Quelle
des Heils, die es mit guten Gaben nährt.

Drum schreite stets vom Dunkel in die Helle,
der Körper, der den Geist in Fesseln schlägt,
ist nur der Esel, bleibt stets an der Stelle.

Jedoch die Seele, die sich aufwärts regt,
darf schauen jene unverhüllte Pracht
des Weltenalls, die sie zum Himmel trägt.

Ihr Feuer wird vom höchsten Gott entfacht
und glüht, bis sie zur größten Kraft gedeiht,
in Studien über ihres Schöpfers Macht.

Der Geist, der sich zu jeder Stund erneut,
gebietet seinem Esel: Bleibe stehen!
Im Tode wird er von der Welt befreit,

bereit, in die Gefilde einzugehen
der reinen Seelen, die das Licht geschaut
im Hades, und den Weltenlauf besehen.

Die nächste Welt sei dir, mein Sohn, vertraut,
drum fürchte nicht, den Reichtum zu verlieren,
den eitlen, den du dir hier aufgebaut.

So will ich dich zu der Erkenntnis führen
der Tugend, die in Wahrheit dich beschenkt
mit guten Gaben, diese sollst du spüren.

Der Mensch formt seine Psyche, wie er denkt.
Wenn er sich auf den echten Wert besinnt
der Klugheit, die sein Tun und Streben lenkt,

so sieht er, wie doch schnell die Zeit verrinnt.
Die Welt vergeht in einem Augenblick
für den, der jener Gottheit ernsthaft dient.

Du holst dir das Gewesne nicht zurück:
Was gestern war, ist heute nimmermehr.
Drum strebe auch nicht nach dem großen Glück,

es macht dir nur das Herz, die Seele schwer.
So viele, die nach irdschen Gütern streben,
verlieren ihren Geist im Weltenmeer.

Warum nicht der Verzicht? Zum Überleben
an Nahrung, Kleidung, Wärme ist genug!
Statt selbst zu nehmen, sollst du lieber geben!

Mein Sohn, wer sich besiegt, ist wahrlich klug.
Die Psyche zieht es ewiglich nach oben
zum Licht, denn das Vergängliche ist Trug.
Sie ist mit der Unendlichkeit verwoben!

V. GESANG

Gewaltig brüllt der junge Opferstier,
als Caesar mit der eignen Hand ihn schlachtet.
Auguren nehmen schnell das tote Tier,

um weiszusagen, was als Recht betrachtet
der hohe Zeus: des jungen Caesars Los
zu sehen: "Caesar, du wirst einst entmachtet!"

so spricht der Seher, denn er findet bloß
die Eingeweide, doch das Herz, es fehlt!
Der Stier ganz ohne Herz ist gar famos!

Da höre ich den Vater, "Wie gestählt
die alten Römer in den Kämpfen waren!
Der Imperator, meist ein starker Held,

wie oft er doch zur hohen See gefahren
und feindliche Barbaren streng befriedet!
Betrachte Caesar, der in späten Jahren

der zügellosen Herrschaft, übermüdet,
gewaltsam aus dem Leben scheiden muss."
- "Wenn ihr Auguren doch nur unterschiedet

das Omen und den Mut! Wer leiden muss
am Schicksal, das die Götter zugeteilt,
und wer beschenkt mit einem Freudenkuss

voll Freud zum grünen Lorbeerkranze eilt.
Was wollt ihr mir die Zukunft so verkünden
wie Cerberus, der tief im Hades heult."

Des Caesars Wort, der zweifelt an den blinden
Auguren, die, das Werdende zu schauen,
sich mit der grauen Unterwelt verbünden.

Mein Vater hält den Stier an dessen Klauen
und flüstert warnend: "Wie die Zeit vergeht
im Fluge, wer nicht lebt im Gottvertrauen

und sich in allem maßlos überhöht,
so lebt wie die verfluchtesten Titanen,
erfährt ein tristes Ende, doch zu spät

hört er die Alten, die vergeblich mahnen.
Als Caesar unter einem Schwerterregen
verstirbt, den die Auguren schon erahnen,

erfüllt sich jener Spruch, sie überlegen
der Götter Wille und der Parzen Tücke,
die diese am Beginn des Unglücks hegen."

Da spüre ich, wie meines Vaters Blicke
besorgt mich warnen, meine Pflicht zu tun.
Die Wachsamkeit in jedem Augenblicke,

die Hände, die sich regen und nicht ruhn,
die Klugheit, sich stets richtig zu entscheiden,
nicht aufgeregt zu gackern wie ein Huhn.

"Ja, Caesar überstieg sich bis zum Leiden,
er prasste mit dem Gut der Untertanen.
Du sollst die Überhebung, Sohn, vermeiden

und hören auf den Rat der guten Ahnen!
Drum suche dir als Freunde die Gerechten
und meide stets der Frevler krumme Bahnen."

Da höre ich das Klopfen laut von Spechten
auf einem Baum vor uns im tiefen Walde,
es klingt so wie "Ich suche nach dem Rechten".

Daraufhin steige ich auf eine Halde
und neben mir der Vater hebt die Hand:
"Mein Sohn, bedenke jeden Tag, wie balde

du diese Welt verlässt. Was hat Bestand
für ewig? Was geht nicht im Meer verloren
der Zeit? Was ist es, was der Edle fand?

Am Morgen sollst du demütig die Horen
vor deinem Gott in großer Freude singen.
Posaunen schallen vor des Tempels Toren,

man hört den Klang in seine Hallen dringen.
Das Wesen freut sich über diese Weisen
und schwingt im Einklang, bis sie leis verklingen.

Du siehst am Himmel tausend Sterne kreisen,
in der unendlich großen Galaxie
magst du bis in die fernsten Sphären reisen

und spürst in deinem Innern Harmonie.
Ich bin bei dir! Ich öffne dir die Pforte
zur nächsten Welt, halb Traum und halb Magie!"

Da staune ich, des Vaters leise Worte
erheben meinen Mut, ich lerne fliegen.
Auf seiner Toga sehe ich die Borte

aus rotem Samt, ein Anblick so gediegen
des großen Lehrers, der mir zeigt das Meiste.
"Du darfst dich wohl in der Gewissheit wiegen",

so singt er, "dass du höher steigst im Geiste
durch jene Welt, die du in Träumen siehst!
Die düstren Schatten ballen ihre Fäuste
aus Ärger, weil du ihre Kreise fliehst!"

VI. GESANG

Euphrat und Tigris fließen um den Garten
des Paradieses, wo die Sonne lacht.
An Edens Eingang, wo die Engel warten

mit einem Feuerschwert der Himmelsmacht
und allen Feinden wehren, hier erfahren
die Menschen, was der Schöpfer ausgedacht.

Adam und Eva sehn der Tiere Scharen
und geben ihnen Namen, die sie wählen,
um ihre kleine Herrschaft zu bewahren.

Nur Kirschen pflücken, Haselnüsse schälen,
Melonen teilen, welche Herzensfreude!
Die Frau geht hin und möchte Äpfel zählen

am Apfelbaum, daraufhin kosten beide
die rote Frucht, die ihnen Gott verboten.
Der aber zürnt und schickt zu ihrem Leide

sie fort. Sie pflanzen Wein und Erbsenschoten,
Reiskorn und Weizen auf der fremden Erde.
(Der Rückweg wird verstellt von Engelsboten.)

Sie riechen Wölfe und erblicken Pferde,
gewinnen Milch von Kühen, jagen Stiere,
sie laufen hinter einer Büffelherde,

und Adam kennt die Namen aller Tiere,
doch muss er seinen Schmerz erst überwinden.
"Wenn ich mich in der nächsten Welt verliere,

so wirst du mich, mein Vater, wiederfinden?"
"Gewiss", so lacht der Vater, "denn die Lehren,
die ich dir gebe, jene zu ergründen,

sie werden deine Psyche nicht beschweren
und du erfährst den Halt, der niemals fehlt."
Da seh ich einen Strauch mit Heidelbeeren

und koste diese Frucht, die mich beseelt.
Die Freude, dass er diesen Weg beschreitet,
die Einfachheit dem Wissen sich vermählt,

dass mich der Vater himmelwärts begleitet
auf seinen Reisen, lässt mich fröhlich singen
das Lied der Lieder, das mir viel bedeutet.

Da höre ich das Echo widerklingen,
des Salomon Gesang, der mich erhebt,
er hilft mir, meine Ängste zu bezwingen,

zu spüren, wie mein ganzer Körper schwebt
und auf des Himmels unerforschten Flügeln
zu meinem Vater in die Höhe strebt.

"Mein Sohn, du sollst Begierden mutig zügeln
nach Euphorie, die niemals ewig währt.
Das Große wird sich stets im Kleinen spiegeln,

wie du in der Hermetik schon gehört.
Wie oben so auch unten, spricht der Weise,
weil sich das Ganze nach sich selbst verzehrt.

Du lernst, dich zu besiegen auf der Reise
in meine Sphären, die beständig bleiben.
Die Klugheit lädt dich ein, sie ist nicht leise

und wird dir deine Sorgen meist vertreiben.
Drum mühe dich, die Tugend zu gewinnen,
die Blüte deiner Jugend zu bestäuben

mit ihrem Nektar, um dich zu besinnen
und unter Engelsflügeln dich zu heben,
dem Los der Frevler ewig zu entrinnen.

Wie schnell vergeht doch solch ein Erdenleben,
nur Eitelkeit, die niemals dauern kann.
Gelehrte, die viel forschen, können geben

und fangen heimlich gar zu mauern an.
Es wäre schön, wenn viele sich bemühten,
doch manche, die man nur betrauern kann!

Du lernst ja schon in alter Völker Mythen
vom Sinn des Seins und von der Königswürde,
der Leidenschaft des Körpers zu gebieten.

Die Tugend ist der Jugend höchste Zierde,
darum muss sie der Alte unterrichten,
sogar wenn Werte eine große Bürde,

sich stets zu unterwerfen ihren Pflichten.
Denn Trägheit ist ein Laster, sie ermattet
die Glieder, wird die Werke nicht verrichten.

Wer sich die nötge Ruhezeit gestattet,
sich zu erholen von der Arbeit Mühen,
wird nicht vom düstren Geisterreich umschattet

am Tage, wenn die dunklen Mächte fliehen.
Drum darfst du nachts, gebettet auf ein Kissen,
mit mir durch jenes Reich der Schatten ziehen
und deines Vaters Liebe nicht vermissen."

VII. GESANG

In rebus modus, certi tunc sunt fines,
quos ultra, citra nequit esse rectum.
Schrieb diesen Spruch Horaz? So ähnlich schien es!

'In corde meo templum est erectum',
sinniere ich, als ich im Tempel stehe,
die Pforten offen, *'nondum intellectum'.*

Er überragt den Tempelberg an Höhe
und lädt den Wandrer ein zur stillen Einkehr.
So viel an Gold, das ich hier leuchten sehe,

jedoch ihn zu bewachen, braucht es kein Heer.
Denn sieben goldne Löwen stehn Spalier
und reißen auf die Mäuler. "Gib den Wein her",

so spricht ein Römer nachmittags um vier
zu einem Juden, der die Fremdherrschaft
nicht respektiert: "So nimm dir doch ein Bier!"

Ein anderer, der frisches Bier beschafft,
beruhigt den Römer, der vor Zorn erst glüht
und dessen Hand hierauf am Schwert erschlafft.

Auf diesen Stufen in der Sonne sieht
man ganz bis auf die Stadt Jerusalem,
der Gläubige, der sich so recht bemüht,

fühlt sich so alt wie einst Methusalem
und wird von diesen Mauern überwältigt,
von David Goldfluss bis Abdú Salém,

der Tempelberg wird schnellen Schritts bewältigt.
Die Engel und die Teufel mit den Fratzen
auf den Gemäuern sind vertausendfältigt.

Darüber klingt der Lobgesang der Spatzen,
ein Wohlklang für des Pilgers helle Ohren,
der staunend steht vor großen Löwentatzen,

die nach dem Krieg mit Rom noch nicht verloren
und warnen den, der in den Tempel tritt
vor einem König, der von Gott erkoren.

Der Wandrer geht nun weiter, Schritt für Schritt
umringt von himmelhohen Marmorsäulen
in Blau und Rot, und weiter in der Mitt'

erblickt er, wo die Königslöwen heulen,
den Steinaltar, auf dem die Opfergabe
geschlachtet wird: die frischen Hühnerkeulen,

Stier, Kuh und Lamm. Hier wird mit einem Stabe
das Recht gesprochen; wird der Stab gebrochen,
so führt dies den Beschuldigten zum Grabe.

Hier wird der Königsweihrauch schon gerochen,
der Duft vermischt sich mit der reinen Myrrhe
und hält sich in den Hallen ein paar Wochen.

Die Gläubigen erbitten in der Dürre
den Regen für die Tiere, Frucht und Acker,
in vielen Sprachen, Stimmen im Gewirre.

Die Juden halten sich im Tempel wacker
an die Gebote, hier wird nie ein Schwein
geschlachtet, nein! Man hört nur das Gegacker

von Hühnern und die gelben Kühe schrein.
Araber, Juden, Schwarze sind zu sehen,
die leise sprechen und sich gütlich freun.

"Mein Vater, warum kann ich nicht verstehen
den Fall des Tempels. War er unbeschürzt,
der Priester?" - "Hörst du nicht die Raben krähen?

Der Römer spricht: Er ist nicht eingestürzt,
der Tempel ward gewaltsam abgerissen!
Dies ist der Sinn der Worte, den verkürzt

dir zuträgt jener fremden Macht Gewissen.
Von Vögeln übertragene Gedanken
wird wohl ein kluger Herrscher niemals missen.

Ich sah, wie sie aus Silberbechern tranken
den süßen Wein, wie sie den Laib verspeist,
das frische Brot, und standen ohne Wanken.

Dann war der ganze Tempel wie verwaist
und kam ein Blitz vom dunklen Abendhimmel,
auf einmal sprach ein heimatloser Geist:

'Hinfort ist alles Drängen und Getümmel
an diesem Ort, an dem die Gottheit wohnte.
Der Tempel leer. Insekten, welch Gewimmel!

Hier ist der Stuhl, auf dem der König thronte.
Nicht einer mehr, der hier die Opfer bringt,
weil Gott die Stadt Jerusalem nicht schonte.'"

Kein Klang, der mehr an meine Ohren dringt,
Gebete, sie verschallen ungehört!
Wo ist der Kantor, der uns Lieder singt?

Warum ist mir die Wiederkehr verwehrt?
Hier war der Thron! Hier war der goldne Leu!
Des Königs Macht war einstmals wie verklärt:
Die Juden dienten ihm in ewger Treu!

VIII. GESANG

Der Geist des Kongzi schwebt auf Meereswasser,
um deutlich Zeichen in die Luft zu malen.
Sein Antlitz scheint von Tränen etwas nasser

zu sein, weil er begegnet den Vandalen,
die nicht gehorchen seines Kaisers Weisung,
zu dienen und die Steuern auch zu zahlen.

Konfuzius ergeht sich in Lobpreisung
des Herrschers, der so sei wie Frühlingswind,
dem Untertanen schenkt er Unterweisung,

der wie das Gras sich biegen muss geschwind.
Der Kaiser Wind, das Volk wie Gras so grün,
so herrscht er gütig, sind die Strafen lind,

denn dieses beugt sich im Vorüberziehn
des Herrschers, der dem Unglück mutig wehrt.
Der kleine Mann im alten China schien

gern zu gehorchen. Denn der edle Wert
der Nächstenliebe, anderen zu dienen,
Gerechtigkeit, die niemals sich verkehrt

in Unrecht, Sittsamkeit, ein Volk von Bienen,
die ihren Staat bis in den Tod beschützen,
sowie die Elternliebe sind erschienen.

Ein Kind muss seinen Eltern fleißig nützen
und sie im hohen Alter auch ernähren,
bei ihnen stets am Krankenbette sitzen

und darf die Achtung ihnen nicht verwehren.
Selbst das Begräbnis muss das Kind bezahlen
und Opfer bringen, wie die Alten lehren.

So stehn am Tisch die reichen Opferschalen
mit Früchten, Eiern, Fleisch und Pflaumenwein.
Und nie geschah es, dass die Kinder stahlen

Geschenke für den Toten ganz allein:
Geld wird gereicht, die Dollars und Peseten,
nicht viel an Wert, doch wird es hilfreich sein.

Den Teig wird man am Abend gründlich kneten
und Täschchen backen, die zu seiner Zeit
dem Vater so gemundet. Man wird beten

für den Verstorbnen, der im Sinn erneut
sich froh begnügt mit einer andern Welt,
dass er dem Sterblichen die Schuld verzeiht.

Wenn dieser Tote frisches Geld erhält,
verbrennt man es im Feuer lichterloh.
Wenn nur die Asche bleibt, ist festgestellt,

der Vater drüben ist unsagbar froh,
er nützt der Weihgeschenke Riesenhaufen
und kauft sich Kleidung, Schuhe ebenso.

Zeitlebens muss man um das Wahre laufen,
die Sittsamkeit, das Richtige zu tun.
Man kann die Tugend ja mit nichts erkaufen,

wenn fromme Menschen, die im Innern ruhn,
sogar für andre in der Not ihr Leben
verlieren, weil sie helfen jetzt und nun.

Der Gute wird dem armen Mann vergeben,
der nichts besitzt und nur Gehorsam kennt.
Doch selbst der Arme wird nach Werten streben

und hoffen, dass er sie sein eigen nennt
an jenem Tag, an dem er sitzend schaut
in einen Fluss, an dem ihn nichts mehr trennt

vom Meister, dem er ganz sich anvertraut,
wenn in den Wellen das vorüberfließt,
was in der Welt geschieht, doch gar nicht laut.

Geburt und Tod, auch Krieg und Frieden schließt
an diesen Kreis an, den man Dasein heißt;
das Blatt verdorrt, der junge Lotos sprießt

in einem fort, das ganze Weltall kreißt
und bringt hervor die prächtig bunten Wesen:
ob Pflanze, Tier, ob Mensch. "Mein Sohn, du weißt,

Konfuzius wird immer noch gelesen
und schenkt dir seine Worte in der Stille,
vernimm nur seine ewiggültgen Thesen

und schöpfe aus der unversiegten Fülle
von Sprüchen, die für alle Sinn ergeben
nach deiner Wahl. Dies ist der Gottheit Wille!

Du darfst die Werte Chinas auch verweben
mit jenen, die das Abendland gelehrt.
Du wirst den Schatz an Wissen einstmals heben,

der sich für dich zu keiner Stunde leert.
Siehst du den Fluss? Die Wellen spielen leise:
Sie sind in Wahrheit völlig unbeschwert

und ziehen ständig ihre weiten Kreise,
doch kehren sie zurück an ihre Stelle.
Das All ist geistig! Ewig lebt der Weise!
Auch du entstammst derselben einen Zelle!"

IX. GESANG

A mighty tiger sitting at a fence
stays silent, though behind his gloomy eyes
he yearns for loving paws and sweet romance

with heaven's joy, and this is no surprise.
Der Tiger sitzt und schaut mit leerem Blick:
His life will end in sorrow, for time flies.

"Mein Sohn, betrachte nun dein Meisterstück:
Der Tiger wagt sich nicht vom Platz zu rühren
und wartet furchtsam auf erhofftes Glück.

Der Weg wird freilich ins Verderben führen
der Katze, die Gefangenschaft erleidet,
verdammt, die kalte Einsamkeit zu spüren.

Wenn diese einstmals aus dem Dasein scheidet
in Traurigkeit, weil sie kein Weibchen fand,
so gibt es keinen, der ihr Los beneidet,

weil sie die Gitterstäbe nie verwand,
die sie von ihrem freien Raubzug trennten
im dichten Wald in ihrem Heimatland.

So manche, die von sich wohl sagen könnten,
sie sind so wie der Tiger, arm und schwach.
Und manche traurige Naturen nennten

ihn Kameraden, der am Zaun zerbrach,
der ihn gefangen hielt ein Leben lang:
die Glieder müde, nur die Augen wach.

Mein Sohn, spürst du nicht auch denselben Drang
im Herzen, der dich leiden lässt im Stillen?"
- "Oja, mein Vater, mir ist manchmal bang,

wenn sich die Zeichen unsrer Zeit erfüllen,
doch wie das Tier den Zaun zu überspringen
vermag ich nicht, dies will ich dir enthüllen!"

- "Ein rechtes Werk der Hände wird gelingen,
wenn du die Ehrfurcht tief im Innern züchtest.
Du musst mit deiner Angst und Trägheit ringen,

so wirst du sehn, wie du das Dunkel lichtest,
das dich umgibt, nur Eitelkeit und Leere.
Wenn du bemüht ein gutes Werk verrichtest,

verlässt dich deines Körpers große Schwere
und bist du konzentriert dem hingegeben,
was du bewirkst." - "So will ich deine Lehre

ins Herz mir schreiben, will ich stets erleben
die Tapferkeit, den neuen Tag, erwachend,
mit frohem Mut zu grüßen ohne Beben."

- "Dies sei dein Wort", so spricht der Johann lachend,
"den neuen Morgen voller Kraft zu grüßen
ganz laut, ein Feuer in der Brust entfachend,

den Tag mit frohem Schaffen zu genießen:
Aufräumen, hämmern oder Fahrrad putzen,
das Werkzeug ordnen, Gartenblumen gießen,

dies alles tust du nur zu deinem Nutzen,
doch sollst du anderen zur Seite stehen
in ihrer Not, dem faulen Laster trutzen,

so wirst du dich in Regsamkeit ergehen,
denn großer Fleiß ist gar unwiderstehlich.
Die Leute, die dich so verrichten sehen

die Arbeit dein, die gleich für sie erspählich,
genießen die Gesellschaft, die du gibst.
So lernst auch du zu helfen, und allmählich

wirst du geliebt, so wie du selbst auch liebst.
Man sieht dich gern, wenn du nicht ständig gähnst
vor Langeweile und Verständnis übst."

- "Der Tiger, den du, Vater, auch erwähnst,
verspürt den Schmerz im Innern, der ihn quält,
den du den Werken Hölderlins entlehnst,

der den Verstand verlor, da er beseelt
von Höllenqualen, die die Sinne raubten."
-"Durch solch ein Feuer wirst du erst gestählt!

Mein Sohn, die alten Denker, die verstaubten,
die in der Stube dein am Boden liegen,
bedachten wohl das Leid, jedoch sie glaubten,

man könne jeden Schmerz damit besiegen,
dass man die Seelenruhe meditiert,
so sollten Euphorie und Leid verfliegen.

Sie sind im Recht! Wenn du genau studiert,
was diese Philosophen letztlich schreiben,
so wirst du zu der Logik Schluss geführt,

dass die Gedanken unersetzlich bleiben,
denn durch das Denken ward die Welt erschaffen
und wird genauso stets ergötzlich leiben.

Der Geist verfügt ja über Feuerwaffen,
so wie das Feuer auch sein Element.
Er ist des jungen Mannes sicher Hafen!

Denn wer den Weg zu seinem Innern kennt,
der sich bis an das Himmelsrund erstreckt,
der leidet nicht. Weil er sich niemals trennt
von dem, der sich am Seelengrund versteckt."

Pars tertia
de amore sapientiae

I. GESANG

Am Eingang in den Hades, da verscheuche
ich Skylla und den dreileibigen Schatten,
mit Namen Geryon; die Ilex-Eiche

mit goldnen Zweigen führt mich zu dem Gatten
der Proserpina, der dies Reich regiert.
Mit letzter Kraft erreiche ich die Latten

des Zaunes, der den Übergang markiert
zum Acheron, hier hängen an den Ästen
die Eifersucht, die manchen Mann verführt,

die bleichen Schatten, die die Luft verpesten,
der matte Tod, der hasserfüllte Krieg.
Im Bronzestiere rösteten die Besten!

Selbst der Tyrann, der zu den Schatten stieg:
Sie alle finden hier das stygsche Wasser,
die Niederlage oder auch den Sieg

in den Gefilden, wo der Mond viel blasser
erscheint und wo die Sonne niemals leuchtet.
Hier warten auf den toten Menschenhasser

die Strafen: Nicht einmal den Mund befeuchtet,
nach Wellen schnappen, die nach unten fließen.
"Euch üble Männer, die ihr uns verscheuchtet,

soll euer hartes Los bei uns verdrießen!"
so spricht die Hydra, als die Wasserschlange
Phalaris schnappt. Und hundert Köpfe sprießen

heraus, als gar bei hohlem Bassgesange
Mänaden ihn in Stücke reißen wollen.
Die Stimmen kreischend, ihm wird angst und bange,

als ihn die Weiber auch noch beißen wollen
zur Strafe für die Grausamkeit im Leben.
"Nicht weiß ich, wie die Monster heißen sollen,

die sich umringt von Bitterkeit erheben!
Mein Vater, was tun Trauerweiden hier,
an denen schale Lust und Sattheit kleben?

Was spüre ich den Schauer bei dem Tier?"
- "Die Hydra folgt zur Strafe den Tyrannen
mit ihren Mäulern: 'Seht, hier leiden wir!'

Die Foltern, die sie voller List ersannen,
sie wenden sich zu ihrer ewgen Strafe,
der Gott der Unterwelt wird sie verbannen,

damit sie niemals ruhn so froh wie Schafe
in den Gefilden seliger Gestalten.
Einst fanden sie die Monster nur im Schlafe,

die nun im Tode voller Härte walten.
Siehst du nicht Charon drüben auf dem Boot
mit all den Toten, die sich an ihn halten?

Jedoch der Unbegrabnen Seelennot
schreit bis zum Mond, der wolkig und verhangen
als düstres Licht den armen Wesen droht."

Da spüre ich ein sehnendes Verlangen
zu schauen das Elysium, dort weilen
die Seligen ganz ohne Angst und Bangen.

"Mein Vater, wollen wir uns nicht beeilen,
die guten Seelen auch noch zu betrachten?"
- "Die Freude drüben darf ich noch nicht teilen!"

- "Hier lernt man nur zu weinen und verachten,
dies ist ein Ort, an dem ich mich verliere,
so sollen wir im Jenseits übernachten

am Ufer? Hier ist's eisig kalt! Ich friere!"
- "Mein Sohn, noch muss ich dir den Sinn erklären
des Daseins in der Welt, den ich verspüre,

muss dich die Klugheit und die Güte lehren,
drum darf ich dieses Sein der edlen Seelen
nicht teilen, darf mit ihnen nicht verkehren.

Es steht dir frei, den Schein der Welt zu wählen
in Reichtum und mit tausend Freudenfeuern
(doch davon muss ich dir nicht viel erzählen),

oder dein Dasein völlig zu erneuern
und dich den Philosophen hinzugeben,
dein Schiff auf unbewegte See zu steuern

und in der Gnade Gottes still zu leben.
Was ist dein Ziel? Wohin geht deine Reise?
Nach welchem hohen Guten willst du streben?"

Und plötzlich, als ich ganz alleine kreise
um jenen Schlund, den alle Toten sehen,
nicht mit Gesellen süße Weine preise,

sondern beginne, Weisheit zu verstehen,
erwidre ich dem Vater voller Demut:
"Dies ist die Welt! Sie wird einst untergehen!
Drum will ich eifrig lernen, bis es wehtut."

II. GESANG

תחלת חכמה יראת יהוה

Adam bedeutet nur: "Du bist aus Lehm!"
So ist der Mensch der Schöpfung schönste Krone,
und Einsicht ziert ihn wie ein Diadem,

ein Silberreif, den er von Gott zum Lohne
erhält, weil er sie mehr begehrt als Gold,
sie schenkt ihm Weizen, Reis, Kaffee und Bohne,

weil ihm der Ewige im Himmel hold.
Er strebt nach ihr in halb durchwachten Nächten
und gibt für sie sein Hab und Gut, den Sold,

den er verdient, er will in Kämpfen fechten
für dieses Gut, das in des Tagwerks Hetze
nur Frieden bringt; dank hehren Schicksalmächten

verbrennt er Bilder von Idol und Götze,
und lobt den Höchsten, der da oben waltet.
Mit Klugheit schafft er Regeln und Gesetze,

mit denen er in der Gemeinschaft schaltet.
Verständnis lädt den Wandrer zum Verbleiben
und ist die Macht, die ewig neu gestaltet.

Es schenkt die Einsicht, endlich aufzuschreiben,
den Willen Gottes, der die Menschheit schuf,
Gebote, die im Sinne haften bleiben,

treu zu erfüllen. Johann singt den Ruf
der Weisheit, die wie Honig zu ihm fließt
als Lehre für die Jugend, zum Behuf,

"dass sie sich gänzlich in das Herz ergießt,
das keinen Diamanten mehr begehrt
und keine Rose, die im Garten sprießt,

als ihre Schönheit, die sich stets verklärt."
Mehr als der Reichtum, mehr als grüne Jade
wird ihr Besitz von Salomon geehrt.

Wie Schafe, die entsteigen ihrem Bade,
so weiß die Zähne jener, die er liebte,
die schwarze Braut. Für ihn jedoch war schade,

dass diese Liebe sich zu früh betrübte,
weil seine Braut zur Blütezeit gestorben.
So wählte er die Weisheit, die er siebte.

"Sie ist ein Gut, vollkommen, unverdorben,
vom höchsten Gott, als er die Täler senkte
und Berge hob, als er sie schon erworben.

Sie war es, die sich ihm im Anfang schenkte
und sich ergoss von Höhen bis in Tiefen.
Der die Geschicke aller Menschen lenkte,

verbürgte diesen, wenn sie zu ihm riefen
um Beistand, dass er ihnen auch gewährt
und diese nicht mehr in ihr Unglück liefen.

92

Als er die Tiefen mit Gestein beschwert
und Meere senkte in die großen Gräben,
war sie sein erstes Kind, das uns gelehrt.

So lernen wir zu lieben und vergeben
dem Schuldner, der uns Böses angetan.
Die Weisheit wird uns in die Höhe heben

und ihre klare Stimme spricht uns an.
Von allen Gaben liebte ich sie mehr
und bat um sie allein, hielt fest daran",

des Salomon Gesang, "sie war das Meer,
in dem ich fand des ganzen Reichtums Fülle,
das Wissen, schöne Frauen, Schätze schwer,

sie alle wurden mein, als Gottes Wille.
Die Weisheit ist sein erstgebornes Kind
und gibt sich ganz, des Nachts in aller Stille.

Sie bläst durch alle Gassen wie der Wind
und schenkt den Wein, der allen Leuten mundet,
so nahm auch ich ein Glas, und gar geschwind

war meine Pflicht auch demütig erkundet.
Sie schenkte mir die Einsicht in den Sinn
des Daseins, als ich diese Welt umrundet

nur in Gedanken, schenkte mir Gewinn
an Silber, das gewöhnlich war wie Steine,
Talente Gold. Vom Scheitel bis zum Kinn

versprühte ich die Myrrhe, um alleine
mit meiner Braut zu sein, der Weihrauchduft
erfüllte meine Zelte, und im Scheine

des Sonnenlichts genoss ich Wüstenluft,
bei all dem war die Einsicht stets zugegen,
auch wenn ich jagte einen düstren Schuft.

Als ich auf meiner Lagerstatt gelegen,
und siebzig Mann, bewaffnet bis zum Scheitel
mich still bewachten, ohne Angst zu hegen,

empfand ich meinen Reichtum nur als eitel,
die *vanitas*, die Leere aller Dinge.
Das gelbe Gold in meinem Opferbeutel

für arme Leute, dass das Werk gelinge:
Ein guter König meinem Volk zu sein
war mein Begehr, dass ich in Tiefen dringe
der Weisheit: denn sie wärmt wie Sonnenschein!"

III. GESANG

Am Himmel funkeln tausend goldne Sterne,
der volle Mond verstrahlt den blassen Schein.
Das Meer erhebt sich, und in weiter Ferne

steuert ein Schiff, erscheint am Wasser klein,
die Fluten sinken, so sind die Gezeiten
des tiefen Blaus. Verlassen und allein

hängt der Gekreuzigte, nach lautem Streiten,
nein! Regulus, mit Nägeln in den Beinen
und in den Armen, die ihm Schmerz bereiten.

"Und siehst du diesen stolzen Helden weinen?"
Schon höre ich den Vater, der mich anspricht,
"Du wirst, mein Sohn, doch wahrlich nicht vermeinen,

ein grausam Schicksal, wenn der Tag erst anbricht,
an dem das Kreuz, die letzte Folter droht?
Dies ist der Dummen gar verkehrte Ansicht,

dass ihm Fortuna keine Zuflucht bot.
Wenn Väter ihre Knaben wirklich lieben,
so werden sie erzogen im Verbot

der Trägheit, müssen täglich Künste üben
ohn Unterlass. Das Schicksal zu bezwingen
in Heldenmut wird ihnen vorgeschrieben.

Was soll dem feigen Mann denn schon gelingen?
Er bebt und zittert vor des Krieges Wirren
und will mit seinem Tode niemals ringen.

Was tut er denn, wenn Eisenwaffen klirren?
Ein Rufen: 'Hoch den Speer, zum Kampf bereitet?'
Dies wird den Feigling schrecken und beirren!

Ein tapfrer Mann, der mit Fortuna streitet,
den sucht sie sich, um seine Kraft zu stärken
und ihn zu prüfen, was ihm Mut bedeutet.

Was galt ein Sokrates mit seinen Werken,
er musste doch den Schierlingsbecher trinken.
Den Lehrer, Sohn, sollst du dir ewig merken!

Er wird dir sicherlich nicht elend dünken,
der die Unsterblichkeit im Tod erfahren
und der entschlossen, darin zu versinken.

Maecenas flehte zu den eignen Laren
auf dem Altare, dass sie ihm, gewogen,
stets Schutz gewähren in den Erdenjahren.

Die Feigheit ist gar schändlich und verlogen!
Ein Weiser wird kein Unheil vor sich finden
und von den Göttern keineswegs betrogen.

Sie suchen, seine Stärke zu ergründen
und geben ihm den Anlass, zu beweisen
den Mut, sich mit den Ahnen zu verbünden

und sie zu ehren in des Jenseits Kreisen.
Der Gute findet Prüfungen im Leben
ja wünschenswert, weil diese ihm verheißen,

im Tode noch nach großem Ruhm zu streben
und das Elysium mit starkem Schritte
einst zu betreten. Dieser lernt Vergeben,

wie Sokrates: In der Athener Mitte
beschwor er diese Männer, nicht zu lärmen,
und dachte nicht daran, mit einer Bitte

um Schonung seinen Daimon zu verhärmen,
der ihn zu jeder Stunde treu geführt,
um seinen Sinn, sein starkes Herz zu wärmen.

Der Edle, der den Odem hier verliert
voll Zuversicht, dass er die Richter trifft
der nächsten Welt, der keinen Schmerz verspürt

im Angesicht des Todes, der umschifft
die Klippen voll Gefahren auf dem Meer,
in dessen Tiefen Fische sind voll Gift.

Der Rucksack der Gefahren scheint so schwer
zu wiegen, den ein Weiser mit sich trägt,
mit Stein beladen, doch am Ende leer,

wenn er sich zu den Seinen schlafen legt.
Vom harten Los, das diesseits ihm beschieden,
wird er in seinem Innern nicht bewegt.

Der Gute, der die Prüfung nicht gemieden
im Diesseits, wird am Ende gerne sterben.
Er findet in der nächsten Welt den Frieden!"

- "Doch du, mein Vater, standest in den Scherben
bei Blitz und Donner, als du uns verlassen,
nun willst um Mut und Tapferkeit du werben?"

Da seh ich vor mir, auf beengten Gassen
die Mädchen Tempelhüpfen, bunte Kreide
gemalt auf Stein. Um ja nichts zu verpassen,
in Zweierreihn. Welch unverhoffte Freude!

IV. GESANG

Der Wagenlenker Krishna unterweist
mich freundlich: Welche Existenz ist glücklich?
Er spricht, "Hör zu, wenn du mich ehrlich preist,

zu welcher Stunde die Versenkung schicklich
und was das Karma für dein Dasein plant:
Du siehst die Säue, diese sind gar dicklich,

ein Mann, der frisst wie sie, wird hier ermahnt,
denn dieser kehrt im nächsten Leben wieder
als fette Sau, wie du wohl schon erahnt!

Der Leichtsinn fliegt vorbei mit dem Gefieder
des Bülbüls, der sich seine Beeren sucht.
Die Duftende erblickst du wohl im Flieder.

Wer Rindfleisch roh frisst, ist von mir verflucht
und wird zum Tiger, der schon Blut gerochen.
Wer Unrecht auf der Welt tut, ist verrucht

genauso wie ein Mann, der viel verbrochen:
Er wird im Kommenden die Sünden büßen.
Doch Gutes, das ich einem Mann versprochen,

der in Askese mir sich schenkt, wird fließen
im Übermaß, er muss Beherrschung üben,
so wird er in das Brahman sich ergießen.

Wenn er zu mir kommt, werde ich ihn lieben.
Er muss sich ganz in jenen Punkt versenken,
das dritten Auge, widerstehn den Trieben,

und an die Silbe Om im Stillen denken,
den Körper und die niedren Leidenschaften
bezwingen, ja, die Füße sich verrenken

zum Yogasitz, dann bleiben auch nicht haften
die weltlichen Gedanken, die nur täuschen,
und er wird alles Unglück leicht verkraften.

Die Leute schwelgen ja in Sinnesräuschen
und schwanken wie am rauen Meer die Wellen,
jedoch den Selbstbeherrschten und den Keuschen

erwarten nach dem Tode keine Höllen.
Er wird im Höchsten ganz geborgen leben
und muss sich vor den Göttern nicht verstellen.

Das Meditieren wird den Sinn erheben
und lässt ihn Freund und Feind als gleich erachten,
er wird ja gleichsam auf der Stelle schweben,

selbst wenn die Blitze zuckten, Donner krachten.
Denn ich bin Nebel, und ich bin das Feuer,
Geburt und Tod, so sollst du mich betrachten.

Wenn dir ein ruhiges Fühlen lieb und teuer,
so wirst du dich in einem fort vertiefen
in meinen Namen, bist du mein Getreuer!

Doch die, die sich im niedren Sein verliefen,
geplagt von Leidenschaft und Hass und Gier,
sie steigen ab in ungeahnte Tiefen,

sie werden Haifisch, Kobra, Schalentier.
Sie zähmen nicht die reißenden Gewalten
der Triebe, und ich strafe sie dafür.

So komm ich in verschiedenen Gestalten
auf diese Welt, in der du mich verehrst,
und suche, meine Treuen festzuhalten.

Wenn du dich hier auf Erden wohl bewährst,
so wirst du große Freude einstmals finden,
vorausgesetzt, dass du dem Laster wehrst."

So sprach der Gott. Ich will ein Licht entzünden
und sehe, er ist eins mit dieser Flamme
und wird sich dem Asketen stets verbünden.

"Mein Sohn", so raunt der Vater, "erst am Stamme
erkennst du, ob er gute Wurzeln schlägt,
der Baum mit dichtem Blattwerk. Drum verdamme

nicht diesen Gott, der deinen Sinn bewegt.
Denn alles fließt zurück auf jenen einen,
der diese Welt erschaffen und sie trägt."

So ist der Ewige, den alle meinen,
der Ursprung und das Ende aller Wesen,
und darum bin ich mit mir selbst im Reinen.

"Mein Sohn, du musst die Zeichen nicht vergessen,
wenn du es willst, darum beginne gleich,
des Gottes Worte geistig zu verlesen!

Verständnis, das sich nie erschöpft, ist reich
und schenkt dir Einsicht, einen Halt der Seele,
die Schale hart, jedoch die Nuss ist weich!

Am Besten dünkt mir, wenn ich dir empfehle,
die Schriften bis zum Ende zu studieren.
Dann sprich dein Urteil! Und darum erwähle
das Beste: eine Krone wird dich zieren!"

V. GESANG

Die Dorneninsel Corsica erstrahlt
im Licht, und Seneca will sich besinnen,
bis sich zum Himmel Abendröte malt;

die Stunden, Tage, Jahre, sie verrinnen
in der Versenkung, unter hellen Sternen.
Er sucht, die Seelenruhe zu gewinnen.

Da flüstert Johann: "Sohn, hier kannst du lernen,
wie man das Dasein mutig meistern kann."
Den Mund ganz voll mit Kirschen samt den Kernen,

so seh ich Seneca voll Ehrfurcht an.
Der Weise spricht zu mir von Wind und Regen
dort im Exil, ein welterfahrner Mann:

"Der Mond wird um die Erde sich bewegen
in einem fort, die Sonne mit dem Wagen
wird sich an jedem Abend schlafen legen,

am Meer die tempelhohen Wellen tragen
das Schiff zum Ufer, wo es sicher landet.
Ein Gott erhört der Menschen stumme Klagen!

Ein Seemann, der an fernen Küsten strandet,
vertraut auf seinen Gott, er heißt Neptun,
bis seine Sehnsucht endgültig versandet,

sich in der Heimat friedlich auszuruhn.
Die fremde Insel und das wilde Meer
sind bald vertraut, es zählt das Hier und Nun."

Dort laufen nur Barbaren mit dem Speer,
wo Seneca in stiller Einkehr sitzt,
sein Sinn ist ruhig und sein Herz nicht schwer.

Bei Sonnenschein und Regen, wenn es blitzt,
versenkt er sich in die vergangnen Zeiten,
so manch ein König, der sein Reich beschützt

mit seinem Körper, muss jetzt nicht mehr streiten.
Die Spuren, sie verlaufen sich im Sande,
und keiner von den Sehern kann sie deuten.

Die Einsamkeit bemerkt er nur am Rande,
der Stoiker, der Seelenruhe findet
im stillen Schauen, auch im fernsten Lande.

In seinem Innern ist ein Licht entzündet
von einer Gottheit, die den Weg ihm weist,
der sich auf echte Wesensstärke gründet.

Er blickt zum Himmel auf, der Mond umkreist
die Mutter Gaia, als die Wellen rauschen.
Er wird ganz still, mit Blick auf seinen Geist

und möchte nicht mit einem Caesar tauschen.
So spürt er die Natur und ihre Macht,
bei Sonnenaufgang wird er Vögeln lauschen.

Er isst auch rote Beeren in der Nacht,
am Tag den Fisch, den er im Wasser fängt.
Wie viele Stunden er so zugebracht?

Sein Herz, das nicht an irdschen Gütern hängt,
ruht still in ihm, wie einer Mutter Kind,
das zu der Quelle allen Daseins drängt.

Er spürt den lauen frischen Meereswind
und sitzt in Corsica auf harten Steinen;
hier gibt es auch nicht Ziege oder Rind,

weil im Exil die Tage hart erscheinen.
Doch ganz auf jene Gottheit konzentriert,
verfliegt die Sehnsucht nach den stillen Hainen

des alten Roms, weil er ja nichts verliert.
Er wird nicht mehr gequält von Leidenschaft
und der Begierde, die er nicht mehr spürt.

Des Körper wird gestählt, die Leibeskraft
nimmt zu in diesem feindlichen Revier,
in dem er seine Glieder übt und strafft

und nicht gefressen wird von einem Tier,
ein Bär, der durch die steinge Insel streift,
beachtet nicht den Klugen, dessen Zier

der Gleichmut ist, der tief im Wesen reift

und ihm die Welt so leer erscheinen lässt,

die Geld und Gold ganz sinnlos ewig häuft.

Dort im Exil gibt es kein Opferfest

und keinen Weihrauch, der den Duft verbreitet,

den Götter innig lieben. Nie verlässt

der Weise die Stoa, die Halt bedeutet,

die Seelenruhe, die ihm Frieden schenkt

im Innern, weil ihn gütig Zeus geleitet.

Der Gott steht auf: Er waltet! Und er lenkt!

VI. GESANG

"Kein Elender, den eine Göttin wählt,
um ihn zu prüfen, ob er standhaft bleibt
in großem Unglück. Wem die Härte fehlt,

den lässt sie stehn, weil sie ihr Werk nur treibt
mit Starken, die die Stirn ihr trotzig bieten.
So mancher Held, der sich vor ihr entleibt",

doch wenn die Warnungen so recht gerieten
des Seneca, der mich nun unterweist,
so wünscht er nicht den Freitod, den verfrühten.

Der Vater, der den Lehrer glücklich heißt,
hebt an zu singen: "Wessen Mut geübt
im Kampfe mit Fortuna, die so dreist

die Sterblichen mit großem Schmerz betrübt,
der wird dem Schicksal trutzen, sich nicht beugen
in Ungemach, weil er sich nie ergibt.

Du sollst den Göttern Achtung stets bezeugen,
sie nahmen blinden Neid, verhohlne Gier,
die Leidenschaften, wie sie blühn bei Feigen,

in einem, ohne Unterlass, von dir!
Willst du von Zeus denn etwa noch verlangen,
den Leichnam dein zu schützen, wie ein Tier?

Dies ist wahrhaft ein gottlos Unterfangen
zu wähnen, dass der Mensch unsterblich sei
in seinem Körper, und voll Angst und Bangen

an diesen sich zu klammern. Wahrlich frei
ist nur der Edle, der im Innern ruht
im Fluss des Seins. Und ihm ist einerlei,

ob er mit einem Fetzen, unbeschuht
durch Dörfer wandert, nur mit einem Stock
in seiner Hand, und lebt voll wildem Mut.

Der Kyniker besitzt nicht einen Rock
wie hohe Herren, er ist ungewaschen.
Für feine Damen wirkt dies wie ein Schock,

denn dieser trägt nicht teure Ledertaschen.
Die Armut, die er Zeus für immer weiht,
soll Leuten, die nach größter Freude haschen,

beweisen, dass das kleine Glück gedeiht,
wenn sie das Weltliche zutiefst verachten
und bitten, dass der höchste Gott verzeiht

die schale Lust, nach der sie oftmals trachten,
die niemals hält, was sie so laut verspricht,
und nur geneigt ist, Sinne zu umnachten.

Sie liebt die Nacht und flieht das Sonnenlicht!
Wenn nun ein Tapfrer mit Fortuna ringt
um seinen Ruhm, der nicht daran zerbricht,

wie sie gewaltig in die Knie ihn zwingt
in großem Unglück, der gar heldenhaft
ihr widersteht, auch wenn dies schwierig klingt,

so ist der Held in seiner Manneskraft
der Sieger, der zugleich sich selbst besiegt.
Wer, nur aus Ton, den Wasserkrug erschafft,

wird wissen, dass er einst in Scherben liegt,
denn alles Irdische muss einst vergehen,
der Schein raubt uns den Atem, doch er trügt.

So sollst du mutig vor Fortuna stehen,
der Göttin, die den Tapfersten den Krieg
erklärt, denn Feigheit kann nicht widerstehen.

Wenn du die breiten Schwingen spürst, dann flieg!
Wenn du ins kalte Wasser springst, dann schwimme!
Am Schluss gehört dem Frommen stets der Sieg

in Freud und Leid", so klingt des Vaters Stimme.
"Du stehst an dieser Stelle, dich erblickt
Fortuna, weil du stark bist, drum erklimme

den Gipfel jenes Bergs, der dich entzückt.
Und wenn du ihn besiegt in deinem Streben,
so fühlst du dich im Innersten beglückt.

Du sollst der Göttin stets ihr eigen geben,
vielleicht auch schleuderst du vor ihr Gesicht
den Esel, der dir hilft zu überleben.

Verachte eines Gottes Absicht nicht!
Was Zeus befiehlt, das sollst du treu erfüllen
als starker Mann, der nicht vor Unheil kriecht!

Was dir bestimmt, entspreche stets dem Willen
in deinem Wesen, das sich niemals beugt
dem Schicksal, um die leere Gier zu stillen.
Dann bist du Meister! Zeus sei dir geneigt!"

VII. GESANG

无为而治 (wú wéi ér zhì)

Den Untertanen Korn und Milch belassen,
so lenkt der gute Herrscher seine Treuen,
die jubelnd sich ergehen in den Gassen

und sich am eignen Hab und Gut erfreuen
in großer Not, genug an Speis und Trank
besitzen, Hafer vor die Pferde streuen.

Der Kaiser weiß, der Untertanen Dank
wird seinen Thron befestigen für immer,
die Menschen hungern und die Kinder krank,

die Not der Armen wird nun nicht mehr schlimmer.
Es gibt ja Kleidung, Medizin und Essen
für alle, dies ist wohl ein Hoffnungsschimmer.

Wenn er einst stirbt, so wird er nicht vergessen,
der Kaiser, der das Gold für Arme siebt.
Wie mit dem Winkelmaß wird er vermessen

die Tugend, dass das Volk die Alten liebt
sowie die Kinder, und das Pflichtgefühl
sich aus des Herrschers Güte stets ergibt.

Sein Denken ist nicht hitzig, sondern kühl,
vernünftig, um die Wurzel zu entspinnen
des Guten, das allein sein höchstes Ziel.

Er will Gerechtigkeit für die ersinnen,
die kämpfen müssen oft mit Feindlichkeiten,
mit Lieb und Güte auch ihr Herz gewinnen,

um sie mit Vaterliebe zu geleiten
so wie ein Kind, das von der Schuld noch frei
geblieben, will er einen und nicht streiten.

Er lenkt zur Blüte, bis zur Mongolei
des Reichs Geschick, gemeißelt und poliert,
vollendet und nur sinnend auf Gedeih

der Untertanen, die er gütig führt.
Sein Geist geschnitzt und voller Kunst gefeilt,
so lernte er, wie man ein Volk regiert.

Er weiß zu herrschen dadurch, dass er teilt,
und zwar nicht Macht, den Reichtum gibt er weiter
und wirkt wie Gott, wenn er bei Menschen weilt.

Sein Sinn ist stets gelassen, dennoch heiter
im Pflegen seiner Wurzel, die er hegt,
der Güte und der Lieb. Der Sterne Deuter

gehn leer aus, weil er keinen Wert drauf legt,
ist er nun Holzpferd oder Feuerdrache,
der Aberglaube, der das Volk bewegt.

"Von Wert ist nur, wie ich ein Feuer mache",
erklärt der Vater, der den Kaiser kennt:
"Und wenn ich dies daraufhin recht entfache,

das brennend heiße vierte Element,
so kann ich meine Kinder wohl ernähren.
Hier ist der Alten Wissen existent.

Konfuzius wird dir das auch erklären,
dass seine Lehre für das Handeln nützt
und nicht, um deine Sinne zu betören,

den lehren will, der unter Sternen sitzt,
ob er den eignen Sohn verstoßen muss,
den er als Feuerzeichen nicht beschützt.

Weil Wasser ihn einst tötet voll Verdruss!
Ist es nicht so, dass dies die Alten lehren
in ihren Schriften, die dem Kind den Kuss

der Mutter voller Wahnwitz nicht gewähren,
weil es als Wasserzeichen Unglück bringt
dem Feuerherrscher. Will er sich beschweren,

wenn einst sein Sohn in die Paläste dringt
um den zu suchen, der ihn zwar gezeugt,
jedoch verstoßen, weil er ihn bezwingt?"

Kein Tun und herrschen, Gras, das sich verbeugt,
so lehrt das Dào, das den Weg man nennt.
Ein Kaiser, der dem armen Volk geneigt

und dessen Nöte und auch Sorgen kennt,
der gütig herrscht, gerecht und liebevoll,
der sich nicht habsüchtig in Gier verrennt,

- weil man die wahre Güte üben soll
als Herrscher, der ein großes Reich vereint -,
der wird geliebt, erzeugt nicht trüben Groll.

So wie er immer das Gerechte meint,
so liebt das Volk die Menschlichkeit, das Gute,
wie es vom Glanz des Herrschers widerscheint.

Ein edler Kaiser - mir ist wohl zumute -
vermehrt im Reich die Liebe und den Willen
zu helfen und zu sparen mit der Rute:
So wird des Himmels Plan sich treu erfüllen!

VIII. GESANG

"Mox credo Africam delendam esse
et vi deorum bellum tunc inferre
in Asiam, et nobis haec prodesse!"

"Was ist das für ein kreischendes Geplärre?"
- "Mein Sohn, es ist der Krieg und nicht der Friede!
Du siehst doch auf dem Globus eine Sperre,

die ich an deiner Stelle tunlichst miede,
um nicht mitanzusehn, was hier geschieht,
dass ich zufrieden aus dem Dasein schiede!"

"Nein, Vater, wer die Wahrheit angstvoll flieht,
darf nicht den süßen Wein der Weisheit trinken!"
- "Weil du, mein Sohn, dich aufrichtig bemüht,

soll dieses bittre Elixier nicht stinken!"
Was meint der Vater, sind nicht alle gleich?
"In Afrika die Ärmsten, sie versinken,

es gibt die Schere zwischen Arm und Reich!
Nicht einmal ein Korn Weizen gibt's zu essen
in praller Sonnenhitze, keinen Teich,

das Brot verwehrt, kein Wasser zugemessen.
Sie sterben leise, ohne lautes Rufen
zu eurer Welt, in der ihr sie vergessen."

Hinab zum Tode führn nicht viele Stufen
für jene, die im Kriege uns verlassen;
was Sterbliche gar kunstvoll Großes schufen,

spielt dort die Rolle, wo die Reichen prassen.
Die Hungernden und Siechen jedoch weinen
in ihrem Unglück, das sie gar nicht fassen!

"Wir wollen, Vater, diese Welt vereinen
und Frieden schaffen, wo der Krieg regiert!"
- "Mein Sohn, die Armen stehen vor den Zäunen

Europas, das seit Jahren ungerührt
sie nicht willkommen heißt, gelind gesagt,
und sie zurück an seine Grenzen führt.

Die Flüchtlinge, sie werden oft verjagt
und stranden auf den Inseln, ohne Gut.
So viele, die ihr selten nur beklagt,

ertrunken in der tiefen Meeresflut!
Du kannst dir Milch und Honigwaben kaufen
beim Händler. Spürst du nicht die große Wut?

Der Schlepper Boote müssen weiterlaufen,
die Armen klammern sich an Holz und Borken
und wissen nicht, ob sie im Meer ersaufen.

Wer will die Flüchtenden schon gern versorgen,
die alle nach Europa kommen wollen.
So ist es heute. Und wie wird es morgen?

So viel, um das der Weiße sie bestohlen!
In Afrika die Sonne brennt so heiß,
der Boden bricht, es bleiben nur noch Schollen,

ein totes Land, die Herrschaft oftmals weiß.
Der reiche Norden lebt gewiss auf Kosten
des armen Südens, dies ist ja der Preis.

Traktoren, die auf Baumwollfeldern rosten,
die nichts mehr tragen, weil kein Regen fiel.
Die Hütten karg und umgestürzt die Pfosten,

so warten sie, mit keinem andren Ziel,
als eines Tags der Armut zu entrinnen
und Mensch zu sein mit ihrem Ehrgefühl.

Jedoch der Reiche wird Intrigen spinnen
zu seinem Vorteil, Hab und Gut vermehren
und sich des Unrechts keineswegs besinnen."

- "Du willst mich, Vater, ja Verständnis lehren,
in Seelenruh ein gutes Werk zu kleistern
und nicht den Sinn so wie mit Blei beschweren!

Die Bilder, die durch meine Sinne geistern,
sind furchtbar, doch ich kann die Welt nicht ändern."
Auf einmal hör ich Stimmen von den Meistern

der alten Völker, aus den fernsten Ländern,
die feiern ihre Kult- und Opferfeste
mit Totenmasken, Licht und bunten Bändern.

Vor mir das Bild. Dies sind die Überreste
von vielen tausend Jahren an Kulturen.
Warum verschweigt der Vater mir das Beste?

"Ist es nicht so, dass viele westwärts fuhren
auf ihren Schiffen, um nicht hier zu sterben,
verfolgt als Hexer, auf Kolumbus' Spuren?"

- "Oja, sie wollten für die Schlachten werben
die neuen Kämpfer, die sie bald gefunden,
um selbst die Ureinwohner zu verderben."

So wird die Insel ohne Müh gefunden
der Seligen, die ich so sehr vermisst.
Doch spür ich Trauer. Es sind tiefe Wunden:
dass Kronos seine eignen Kinder frisst.

IX. GESANG

The temple, built by clever masons' hands,
will never vanish, never fade away,
as long as this inspired temple stands,

mankind will live and caring love will stay.
So lautet dieser Spruch, den ich nun höre:
We all are humans, let's kneel down and pray!

"Mein Vater, wenn ich diesen Geist beschwöre,
der solche Worte mir zu Ohren trägt,
ist dies der Ort, an den ich wiederkehre?"

- "Der erste Stein zum Tempel wird bewegt -
mit Winkelmaß und Zirkel, aufgeraut -,
den jedermann ins Innerste gelegt,

den Blick nach oben, weil er Gott vertraut!
Denn jeder Stein, geschliffen und verlesen,
wird in den mächtgen Tempel eingebaut.

Der Tempel der Antike, lang vergessen,
gleicht diesem nicht an Ebenmaß und Pracht!
Die Säulen und die Stufen sind vermessen

mit klarem Blick für diese Himmelsmacht.
Er ist ein Ort der Einkehr und der Stille,
mit Menschlichkeit und Liebe überdacht.

Siehst du des goldnen Bauwerks reiche Fülle
an Gaben, die die Brüder uns hier schenken?
So festgefügt die Steine, keine Rille

zu greifen, keine Balken, die sich senken.
Hier prangt der Marmor aller Herzensgüte
und dort die Löwen neben langen Bänken.

Der Wandrer, der auf diesen saß und kniete
voll Inbrunst im Gebet um seine Lieben,
wenn dieser sich im Handeln recht bemühte,

so musste er sich nimmermehr betrüben.
Der Tempel steht für jeden Wandrer offen,
und Übeltäter werden schnell vertrieben.

Die Inschrift liest sich: 'Jeder Mensch darf hoffen!'
Lass Angst und Trauer gleich zur Hölle fahren!"
Da bin ich halb erstaunt und halb betroffen

nach all den schicksalsschwer beladnen Jahren.
"So meinst du, Vater, wird das Werk gelingen,
das *opus magnum*? Soll ich dessen harren?"

Da hör ich Pauken, Trommeln, Hörner klingen
im Rhythmus nach den Melodien der Feiern
des Shabbats, und ich hebe an zu singen.

Die Lämmer grasen unter Lämmergeiern
am Wasser, ohne Feindschaft zu verspüren,
das Lied der Schwalben will die Welt erneuern,

und Schafe geben Wolle, weil wir frieren.
Wie schön ist diese Landschaft, ich erblicke
vor meinen Augen selbst die Himmelstüren.

Der Vater sieht, wie sehr ich mich entzücke,
denn diese Eintracht ist ja wünschenswert,
doch ich vergesse ganz in diesem Glücke:

Ob Gott dort droben Jung und Alt erhört?
"Das Bauwerk, Sohn, wird allezeit bestehen
und ist so stark, dass es den Feinden wehrt."

Da sehe ich vor mir den Armen flehen
um Brot und Wasser, er besitzt ja nichts.
Der Wind will diese Bitten schon verwehen,

da kommt ein Strahl des warmen Sonnenlichts
herab auf diese bettelnde Gestalt
und sehe ich ein Lächeln des Gesichts.

"Mein Vater, dieser Bettler ist schon alt
und segnet Menschen, die ihm Speise geben
und Trank, doch viele sind im Fühlen kalt,

sie wollen sich nur selbst noch überheben.
Der Arme braucht vom Überfluss sein Teil,
um ohne Hungern doch zu überleben."

Vor mir der Weg zum Gipfel ist gar steil
für einen Wandrer, wenn die Kräfte schwinden.
Er bittet einen Fremden um ein Seil,

dass er geführt wird, wie die armen Blinden.
So mancher winkt nur ab und geht vorüber,
doch wird er endlich einen Retter finden.

"Vergiss, mein Sohn die Sorgen wie ein Biber
in seinem Bau, der täglich Nahrung findet,
die Menschen sind dem höchsten Gott noch lieber

als jener, der der Wildnis sich entwindet.
Du weißt, der rote Mohn am Ährenfelde
verblüht des Nachts, du sorgst dich unbegründet.

Der Hirsch, die Lilie dienen nicht dem Gelde,
doch lässt der Ewige sie nicht verkommen.
Der Tempel wird errichtet. Und in Bälde
wird hier der höchste Meister laut vernommen."

EPILOG

Des Vaters Worte, die mich freuen müssten:
"Ich stieg hinab in düsterste Verliese
der Elenden, die karg ihr Leben fristen.
Nun schwebe ich hinan zum Paradiese,
weil eines Cherubs Lippen meine küssten!"

FINIS

C. M. HERZOG, geboren 1966 in St. Pölten, Studium Englisch, Französisch an der Universität Wien, Mag. phil.; Spanisch; Studien: Latein, Altgriechisch, Ivrit, Arabisch und Chinesisch. Mehr als ein Jahr Autorin für das Wiener Journal (1992-93); Beitrag "Nezha und das tosende Meer" für die Literaturzeitschrift etcetera (67/2017); Prosa und Lyrik.

Erschienene Werke:

Erhältlich beim Verlag Die Blaue Eule:

1. ARIADNE & THESEUS, GEDICHTE

C. M. HERZOG, VERLAG DIE BLAUE EULE, BD. 57

2. DIE VERWANDELTE WELT, LYRIK IN HEXAMETERN

C. M. HERZOG, VERLAG DIE BLAUE EULE, BD. 58

3. HARTMANN DER MÖNCH, DICHTUNG IN GESÄNGEN

C. M. HERZOG, VERLAG DIE BLAUE EULE, BD. 61

4. WEISHEIT UNTER DER SONNE, DRAMA IN FÜNF AKTEN

C. M. HERZOG, VERLAG DIE BLAUE EULE

In Buchhandlungen bestellbar:

5. DER ZAUBER DER ANTIKE, GEDICHTE

C. M. HERZOG, VERLAG BOD

ISBN 9 7837 32 286256

6. DER PRACHTFINK, SATIRISCHE GEDICHTE

C. M. HERZOG, VERLAG BOD

ISBN 9 7837 39 237350

7. DER STEINEICHE GOLDENE ZWEIGE

C. M. HERZOG, VERLAG BOD

ISBN 9 7837 44 801263